10分弁当

毎日、朝ラク

牛尾理恵

主婦の友社

朝ごはんと晩ごはんも
作りながら、
お弁当も毎日！
ってタイヘン

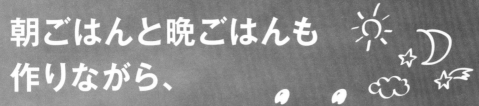

間に合わなくて遅刻
なんてできないし…

でも、だいじょうぶ。
無理して早起きしなくても
喜んでもらえるお弁当は作れます！

朝の負担を
ぐ～んと減らして
ラクするために

何かしら

1品だけ
作りおき しておく

それが、この本の提案です。

作りおきがあれば
朝はパパッともう1品作って

朝10分で完成！

彩りよく、おいしく、
栄養も考えたお弁当が
ちゃんと毎日つづきます。

メインおかずを
1品だけ作りおき

たとえば「しょうが焼き」なら、豚肉400gで作りおき。
週1回、1品だけでもメインの作りおきがあると助かる!

1 作りおきメイン
豚のしょうが焼き

作りおきメインは
**肉や魚介を
しっかり食べられる
主役おかず**

2 朝パパッとサブ
アスパラのごまあえ

朝パパッとサブは

ポリ袋

電子レンジ

フライパン

で、手早くおいしく
作れる副菜
→詳しくはp.120へ

する場合

3 そのまま詰める

トマト

青じそ

「そのまま詰める」
食材カタログは
p.14

だから
朝**10**分で完成！

☑ メインの "作りおき貯金" で朝の負担がぐんと減る

☑ 人気のメインおかずがガッツリ食べられて大満足！

☑ 朝パパッと調理で野菜もしっかり詰められる

サブおかずを
1品だけ作りおき

彩りがよくなり、見た目も映えるサブおかずを作りおき！
サブに手をかけて、メインは朝パパッと作るのもアリ。

1 作りおきサブ

マカロニサラダ

作りおきサブは
**野菜やきのこ、
海藻を
たっぷり食べられる
彩りおかず**

2 朝パパッとメイン

豚こま de トンテキ

朝パパッとメインは

火の通りが
早い
肉や魚介

加工品

で、手早くおいしく
作れる主菜
→詳しくはp.104へ

する場合

3 そのまま詰める

鮭フレーク

レタス

「そのまま詰める」
食材カタログは
p.14

だから
朝10分で完成！

☑ たくさん作れば野菜が新鮮なうちに使いきれる

☑ お弁当だけでなく、ふだんの食卓の彩りもよくなる！

☑ メインは朝 5分、10分で気楽に作れるものでOK

組み合わせ無限大！

作りおきおかず×朝パパッとおかずを自由自在に組み合わせ！

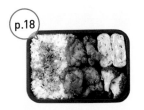
p.18
鶏のから揚げ弁当

p.19
から揚げ南蛮弁当

p.19
ヤンニョムから揚げ弁当

p.19
から揚げの
甘酢いため弁当

p.19
から揚げ親子丼弁当

p.22
豚のしょうが焼き弁当

p.23
カレーしょうが焼き弁当

p.23
ポークチャップ風
しょうが焼き弁当

p.23
ハニーマヨ
しょうが焼き弁当

p.23
にら梅しょうが焼き弁当

p.26
ハンバーグ弁当

p.27
オニオンソース
ハンバーグ弁当

p.27
照り焼き
和風ハンバーグ弁当

p.27
ミートボール弁当

p.27
ピーマンの肉詰め弁当

p.30
肉そぼろ弁当

p.31
彩り三色丼弁当

p.31
そぼろ入り卵焼き弁当

p.31
そぼろ入り
焼き春巻き弁当

p.31
ビビンバ丼弁当

p.34
焼き鮭弁当

p.35
鮭のマヨ焼き弁当

p.35
鮭の南蛮漬け風弁当

p.35
鮭コーンまぜごはん弁当

10分弁当バリエ

「毎日同じ」と思わせない、弁当バリエをご紹介します。

p.35 鮭塩焼きそば弁当

p.44 彩り野菜の鶏肉巻き弁当

p.45 鶏の照り焼き弁当

p.45 鶏肉とうずら卵の
カレー煮弁当

p.52 豚肉のみそ焼き弁当

p.53 梅チーズ巻き巻き弁当

p.53 豚肉のさっぱり煮弁当

p.60 鶏ひき肉の
ゆでだんご弁当

p.61 れんこんの
はさみ焼き弁当

p.61 鶏つくね弁当

p.68 牛肉とねぎの
すき焼き風弁当

p.69 牛肉と玉ねぎの
マリネ弁当

p.69 チンジャオロース―弁当

p.74 ぶりの竜田揚げ弁当

p.75 えびの
ケチャップいため弁当

p.75 めかじきの
マヨパン粉焼き弁当

p.82 お手軽フライドチキン
＋ラタトゥイユ弁当

p.83 豚肉こま de トンテキ
＋マカロニサラダ弁当

p.83 豚肉のみそハンバーグ
＋根菜とさつま揚げの煮物弁当

p.90 ランチョンミートエッグ＋
にんじんのみそ漬け弁当

p.91 鮭のゆずこしょうバター
焼き＋いんげんの
のりチーズ巻き弁当

p.91 牛薄切りの重ねステーキ
＋キドニービーンズの
サラダ弁当

この本でご紹介しているのは
全**46**弁当
さらに、お気に入りの組み合わせを
見つけてください！

9

Contents

はじめに ─── 2

メインおかずを1品だけ作りおきする場合 ─── 4

サブおかずを1品だけ作りおきする場合 ─── 6

組み合わせ無限大！10分弁当バリエ ─── 8

「そのまま詰める」食材カタログ ─── 14

Part 1
人気おかずBEST5の弁当バリエ

人気おかず1
鶏のから揚げ

鶏のから揚げ弁当 ─── 18

から揚げ弁当バリエ ─── 19

| 作りおき | 基本の鶏のから揚げ ─── 20

| アレンジ1 | から揚げ南蛮 ─── 21

| アレンジ2 | ヤンニョムから揚げ ─── 21

| アレンジ3 | から揚げの甘酢いため ─── 21

| アレンジ4 | から揚げ親子丼 ─── 21

人気おかず2
豚のしょうが焼き

豚のしょうが焼き弁当 ─── 22

しょうが焼き弁当バリエ ─── 23

| 作りおき | 基本の豚のしょうが焼き ─── 24

| アレンジ1 | カレーしょうが焼き ─── 25

| アレンジ2 | ポークチャップ風しょうが焼き ─── 25

| アレンジ3 | ハニーマヨしょうが焼き ─── 25

| アレンジ4 | にら梅しょうが焼き ─── 25

人気おかず3
ハンバーグ

ハンバーグ弁当 ─── 26

ハンバーグ弁当バリエ ─── 27

| 作りおき | 基本のハンバーグ ─── 28

| アレンジ1 | オニオンソースハンバーグ ─── 29

| アレンジ2 | 照り焼き和風ハンバーグ ─── 29

| アレンジ3 | ミートボール ─── 29

| アレンジ4 | ピーマンの肉詰め ─── 29

人気おかず4
肉そぼろ

肉そぼろ弁当 ─── 30

肉そぼろ弁当バリエ ─── 31

| 作りおき | 基本の肉そぼろ ─── 32

| アレンジ1 | 彩り三色丼 ─── 33

| アレンジ2 | そぼろ入り卵焼き ─── 33

| アレンジ3 | そぼろ入り焼き春巻き ─── 33

| アレンジ4 | ビビンバ丼 ─── 33

人気おかず5
焼き鮭

焼き鮭弁当 ─── 34

焼き鮭弁当バリエ ─── 35

| 作りおき | 基本の焼き鮭 ─── 36

| アレンジ1 | 鮭のマヨ焼き ─── 37

| アレンジ2 | 鮭の南蛮漬け風 ─── 37

| アレンジ3 | 鮭コーンまぜごはん ─── 37

| アレンジ4 | 鮭塩焼きそば ─── 37

Part 2
1品あれば朝ラク！
作りおきおかず

作りおきおかずの基本ルール ─── 40

作りおきメイン

鶏肉がメインのお弁当 ─── 44
鶏肉の作りおき

鶏の照り焼き ─── 46

彩り野菜の鶏肉巻き ─── 47

チキングラタン ─── 48

鶏チャーシュー ─ 49
鶏胸肉のマーマレード焼き ─ 49
筑前煮 ─ 50
鶏じゃが ─ 51
鶏肉とうずら卵のカレー煮 ─ 51

豚肉がメインのお弁当 ─ 52
豚肉の作りおき
ポークチャップ ─ 54
梅チーズ巻き巻き ─ 55
ロースとんカツ ─ 56
豚肉のみそ焼き ─ 57
クルクル酢豚 ─ 57
豚肉のさっぱり煮 ─ 58
薄切り肉とれんこんの揚げ漬け ─ 59
豚肉と大豆と大根の中華風煮 ─ 59

ひき肉がメインのお弁当 ─ 60
ひき肉の作りおき
鶏ひき肉のゆでだんご みそカレーだれ ─ 62
油揚げロール ─ 63
かぼちゃのそぼろ煮 ─ 63
ポテトコロッケ ─ 64
鶏つくね ─ 65
れんこんのはさみ焼き ─ 65
シューマイ ─ 66
肉だんごの甘酢がらめ ─ 67

牛肉がメインのお弁当 ─ 68
牛肉の作りおき
チンジャオロースー ─ 70
牛肉とねぎのすき焼き風 ─ 71
韓国風牛肉のつくだ煮 ─ 72
牛肉とたけのこのみそ煮 ─ 73
牛肉と玉ねぎのマリネ ─ 73

魚介がメインのお弁当 ─ 74
魚介の作りおき
鮭のごまみそ焼き ─ 76

鮭の南蛮漬け ─ 77
めかじきのマヨパン粉焼き ─ 78
ぶりの竜田揚げ ─ 79
さばのみそそぼろ ─ 79
えびのケチャップいため ─ 80
いかのしょうが焼き ─ 81
ほたての照り焼き ─ 81

作りおきサブ

ボリューム副菜のお弁当 ─ 82
ボリューム副菜の作りおき
ラタトゥイユ ─ 84
いろいろピクルス ─ 85
マカロニサラダ ─ 86
根菜とさつま揚げの煮物 ─ 87
にんじんのフライ ─ 87
野菜の揚げびたし ─ 88
切り干し大根の煮つけ ─ 89
五目豆 ─ 89

差し色副菜のお弁当 ─ 90
差し色副菜の作りおき

●緑のおかず
ブロッコリーのごまあえ ─ 92
いんげんののりチーズ巻き ─ 92
ピーマンおかか ─ 93
焼きアスパラガスのおひたし ─ 93
スナップえんどうのじゃこいため ─ 94
チンゲンサイのオイル蒸し ─ 94

●赤・ピンクのおかず
キドニービーンズのサラダ ─ 95
パプリカのカレーマリネ ─ 95
ラディッシュとかにかまのあえ物 ─ 96
じゃがいものゆかりあえ ─ 96
タラモサラダ ─ 97
ミニトマトのシロップ漬け ─ 97

●**黄・オレンジのおかず**
にんじんのみそ漬け — 98
黄パプリカのきんぴら — 98
かぼちゃの茶巾しぼり — 99
大学いも — 99

●**茶・黒のおかず**
ひじきのしょうが煮 — 100
きのこのうまみいため — 100
しいたけとこんにゃくのピリ辛煮 — 101
きんとき豆の甘煮 — 101

Part 3
5分、10分ですぐでき！
朝パパッとおかず

朝パパッとメインの
時短アイデア8 — 104

朝パパッとメイン

豚肉で
豚こまdeトンテキ — 106
包丁いらずのホイコーロー — 106
豚肉のコチュジャンいため — 107
豚肉のはちみつ照り焼き — 107
豚肉の折りたたみ揚げ — 108
ポークピカタ — 108

鶏肉で
鶏肉のオイスター照り焼き — 109
鶏肉のポン酢焼き — 109
鶏のチリソース — 110
鶏肉の七味マヨ焼き — 110
お手軽フライドチキン — 111
鶏肉の香りみそ揚げ — 111

ひき肉で
レンチン肉そぼろ — 112
カラフル肉そぼろ — 112
こねないハンバーグ — 113
豚肉のみそハンバーグ — 113

牛肉で
牛肉がっつり甘辛いため — 114
牛薄切りの重ねステーキ — 114
シンプル★プルコギ — 115
牛肉と豆苗のポン酢いため — 115

魚介で
鮭のゆずこしょうバター焼き — 116
めかじきの照り焼き — 116
たこチーズピカタ — 117
えびのコチュマヨあえ — 117

加工品で
さつま揚げのしょうがじょうゆ焼き — 118
魚肉ソーセージの春巻き — 118
ランチョンミートエッグ — 119
厚揚げのBBQいため — 119

朝パパッとサブの
ラクうま調理テク3 — 120

朝パパッとサブ

ポリ袋で
キャベツとわかめの和風サラダ — 122
きゅうりのじゃこあえ — 122
白菜のおかかあえ — 122
大根の納豆こぶ漬け — 122
にんじんの粒マスタードサラダ — 123
かぶのレモンサラダ — 123
なすの青じそ漬け — 123
セロリと桜えびの香りサラダ — 123

電子レンジで
ブロッコリーの粉チーズマリネ — 124
ほうれんそうのソテー — 124

Contents

小松菜のなめたけあえ ── 124

チンゲンサイのザーサイあえ ── 124

アスパラのごまあえ ── 125

オクラの梅あえ ── 125

もやしのナムル ── 125

豆苗と桜えびのサラダ ── 125

さつまいものクリームチーズあえ ── 126

つぶしジャーマンポテト ── 126

かぼちゃの甘煮 ── 126

にんじんグラッセ ── 126

玉ねぎのおかか煮 ── 127

ピーマンの甘辛しょうが煮 ── 127

ズッキーニのハムロール ── 127

れんこんの甘酢漬け ── 127

フライパンで

キャベツのマヨカレーいため ── 128

キャベツの梅いため ── 128

にんじんの明太子いため ── 128

にんじんシリシリ ── 128

ピーマンのオイスターいため ── 129

パプリカのソースいため ── 129

スナップえんどうのベーコンいため ── 129

いんげんのバタピーいため ── 129

小松菜と油揚げのめんつゆいため ── 130

豆もやしとちくわのカレーいため ── 130

ズッキーニの粉チーズグリル ── 130

なすのみそ焼き ── 130

かぼちゃのケチャップ焼き ── 131

じゃがいものナンプラーいため ── 131

ごぼうのさんしょうきんぴら ── 131

きのこのいためマリネ ── 131

あと1品に助かる! 卵のおかず

基本の卵焼き ── 132

卵焼きバリエ

かにかま巻き卵焼き ── 133

紅しょうがとねぎの卵焼き ── 133

青のりとチーズの卵焼き ── 133

卵1個のおかずバリエ

折りたたみ目玉焼き ── 134

蒸し焼きカップ卵 ── 134

マヨスクランブルエッグ ── 134

味つけ卵バリエ

和風味つけ卵 ── 135

中華風味つけ卵 ── 135

卵のピクルス ── 135

ピンチの日の単品弁当

ちくわのかば焼き丼 ── 136

いわし缶チャーハン ── 137

簡単ドライカレー ── 138

ふたつ折りキンパ ── 139

サラダそうめんwithトマトつゆ ── 140

さば缶ナポリタン ── 141

鮭缶のみそスープ&おかかチーズおにぎり ── 142

あさりと豆腐のチゲ&韓国風塩むすび ── 143

この本の使い方

調理について

●計量単位は小さじ1＝5ml、大さじ1＝15ml、1カップ＝200mlです。

●野菜類は、洗う、皮をむくなどの作業をすませてからの手順を説明しています。

●しょうが・にんにくは、朝パパッと作るおかずは市販のチューブを使用しています。好みで生のものをすりおろしてもかまいません。

●「だし」はかつお節やこぶでとった和風のだしを使っています。市販の和風だしのもとを使う場合は、表示どおりに湯でとかしてください。

●作り方の火かげんは、特に指定がない場合は中火で調理してください。

道具について

●フライパン、卵焼き器は表面加工をしたものを使用しています。

●電子レンジの加熱時間は600Wの場合の目安です。500Wの場合は1.2倍にします。オーブントースターの加熱時間は1000Wの場合の目安です。機種によって加熱時間に多少の差があるので、様子をみてかげんしてください。

お弁当について

●弁当箱は容量600〜800mlのものを使用しています。おかずを詰める量は、弁当箱とのバランスで調整してください。

●作りおきおかずの保存期間の目安は、清潔な容器で保存した場合です。また、気候や冷蔵庫の機種、あけ閉めの回数などの環境によっても保存状態は異なります。あくまでも目安として考え、早めに食べきりましょう。

すき間埋めに　色と味のアクセントに　栄養アップに

『そのまま詰める』食材カタログ

弁当箱のスペースを埋めるだけでなく、
彩りを添えたり、味のバリエを広げたり、
栄養を補う役目もしてくれます。いろいろな種類をそろえておくと便利!

野菜フルーツ

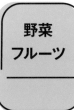
ミニトマト

きゅうり

レタス

青じそ

ゆでブロッコリー

ゆでオクラ

レンチンかぼちゃ

ぶどう

みかん・みかん缶

干しあんず

オリーブ

> 生のフルーツが傷む季節はドライや缶詰を活用

豆・卵

枝豆

煮豆

黒豆

ゆで卵

チーズねり製品

キャンディチーズ

かに風味かまぼこ

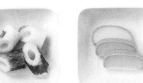
ちくわ

かまぼこ

ハムチーズ巻き

> チーズはカルシウム補給にもぴったり。三角や四角のタイプでも

アレンジ

＋きゅうり
ちくわきゅうり

アレンジ

＋スライスチーズ
かまぼこチーズ

14

梅干し

しば漬け

たくあん

つぼ漬け

青菜漬け

紅しょうが

ザーサイ

野菜の
ピリ辛漬け

こぶの佃煮

トッピング
食材は
p.122〜の
朝パパッとサブ
でも活躍！

**ごはんの
トッピング**

白ごま

黒ごま

刻みのり

鮭フレーク

ちりめんじゃこ

青のり

かつお節

桜えび

赤じそふりかけ

ふりかけ

桜でんぶ

＼お弁当の定番！／ 『のり弁』の詰め方レッスン

1段目　ごはん＋かつお節

ごはんを半量詰めたら、かつお節を広げ、しょうゆをスプーンでポタポタとたらす。好みで、この上にのりをちぎってのせてもOK。

2段目　ごはん＋のり

ごはんの残りを詰め、のりを手でちぎってのせる。のりはちぎると食べやすい！

できた！

Part 1

\ 鶏のから揚げ　豚のしょうが焼き
ハンバーグ　肉そぼろ　焼き鮭 /

人気おかずBEST5の弁当バリエ

「きょうはから揚げだ!」「ハンバーグがのってる!」。
人気おかずが入っていると、
弁当箱をあけたときのテンションも上がりますね。
シンプルな味つけで多めに作っておけば、そのまま詰めてもいいし、
ちょこっと味を変え、組み合わせる食材を変えて、
弁当バリエをふやせます。
週に何度か登場しても、「また同じ?」と思わせない
簡単アレンジのアイデアをたくさんご紹介します。

やっぱりうれしいから揚げは
シンプルな味つけでアレンジ無限大！

鶏のから揚げ弁当

朝パパッとサブ

紅しょうがと
ねぎの卵焼き
p.133

作りおきメイン

鶏のから揚げ
p.20

そのまま詰める

ゆでブロッコリー

ふりかけ

から揚げ弁当バリエ

甘みや辛みをプラスすると印象がぐっと変化。
揚げてあるので、ボリュームおかずがすぐに作れます。

から揚げ南蛮弁当

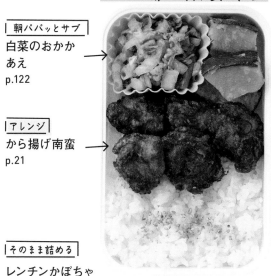

| 朝パパッとサブ |
白菜のおかか
あえ
p.122

| アレンジ |
から揚げ南蛮
p.21

| そのまま詰める |
レンチンかぼちゃ

　白ごま　

ヤンニョムから揚げ弁当

| 朝パパッとサブ |
もやしのナムル
p.125

| アレンジ |
ヤンニョム
から揚げ p.21

| そのまま詰める |
キャンディチーズ　　桜えび　

から揚げの甘酢いため弁当

| 朝パパッとサブ |
チンゲンサイの
ザーサイあえ
p.124

| アレンジ |
から揚げの
甘酢いため
p.21

| そのまま詰める |
干しあんず

から揚げ親子丼弁当

| アレンジ |
から揚げ親子丼
p.21

| そのまま詰める |
枝豆　　紅しょうが

作りおき

基本の鶏のから揚げ

展開しやすいよう、ベースはシンプルなしょうゆ味に。
下味をしっかりつけることで、冷めても味がぼやけません。

材料・作りやすい分量（約4人分）

鶏もも肉 —— 2枚（1枚約250g）
塩 —— 小さじ1/2
こしょう —— 少々
A ┌ おろししょうが、おろしにんにく
　 │ —— 各小さじ1/2
　 └ しょうゆ、みりん —— 各大さじ2
B ─ かたくり粉、薄力粉 —— 各大さじ3
揚げ油 —— 適量

作り方

1 鶏肉は一口大（1個約25g）に切り、塩、こしょうを振る。

2 Aを加えてもみ込み、15〜30分おく。

3 汁けをきり、Bを加えてもみ込む。

4 油を160度に熱し、3を入れて揚げる。160度くらいを保ちながら、6分ほどかけて火を通し、最後1分ほどはやや火を強めてカラッと仕上げ、保存する。

Point

はじめに塩、こしょうを振ってから調味料に漬けると下味がしっかりつき、冷めてもおいしく食べられる。

Point

衣にはかたくり粉と薄力粉を1対1の割合で合わせることで、カリッとした仕上がりに。

冷蔵 3日

冷凍 2週間

\\ ごはんが進む甘辛味に変身！ /

から揚げ南蛮

材料・1人分

鶏のから揚げ（p.20）
…… 1人分（5個）

A ┌ ポン酢しょうゆ、水
　│ 　…… 各小さじ2
　│ 砂糖、ごま油
　│ 　…… 各小さじ1
　│ 赤とうがらしの小口切り
　└ 　…… ひとつまみ

作り方

1 鶏のから揚げは、電子レンジ（600W）で冷蔵なら30秒、冷凍なら2分加熱する。

2 小なべにAを合わせてひと煮立ちさせ、火を止める。

3 1を加えてからめる。

\\ 辛みがきいて一気に韓国風に /

ヤンニョムから揚げ

材料・1人分

鶏のから揚げ（p.20）
…… 1人分（5個）
細ねぎの小口切り …… 10g

A ┌ コチュジャン
　│ 　…… 小さじ1.5
　│ トマトケチャップ、
　│ いり白ごま　…… 各小さじ1
　└ 砂糖　…… 小さじ1/2

作り方

1 鶏のから揚げは、電子レンジ（600W）で冷蔵なら30秒、冷凍なら2分加熱する。

2 Aをよくまぜ合わせ、1、細ねぎを加えてからめる。

⋛ から揚げアレンジ ⋚

\\ 野菜もとれる中華風おかず /

から揚げの甘酢いため

材料・1人分

鶏のから揚げ（p.20）
…… 1人分（5個）
玉ねぎ …… 1/8個
ピーマン …… 1/2個
ごま油 …… 小さじ1

A ┌ 酢、オイスターソース
　│ 　…… 各小さじ1
　└ 砂糖 …… 小さじ1/2

作り方

1 鶏のから揚げは、電子レンジ（600W）で冷蔵なら30秒、冷凍なら2分加熱する。

2 玉ねぎは薄切り、ピーマンは細切りにする。

3 フライパンにごま油を熱し、玉ねぎをいためる。しんなりしてきたらピーマン、1を加えてさっとまぜ、合わせたAをからめる。

\\ 衣が卵液を吸ってしっとりおいしい /

から揚げ親子丼

材料・1人分

鶏のから揚げ（p.20）
…… 1人分（5個）
ねぎ …… 1/4本
卵 …… 1個
めんつゆ（3倍濃縮）
…… 大さじ1

作り方

1 鶏のから揚げは、電子レンジ（600W）で冷蔵なら30秒、冷凍なら2分加熱する。

2 1は半分に切り、ねぎは縦半分に切ってから、斜め薄切りにする。

3 小さめのフライパン（または卵焼き器）にめんつゆ、水1/4カップ、2を入れてあたためる。煮立ったらときほぐした卵を加えてとじる。

白いごはんにベストマッチ！
玉ねぎ効果で冷めてもやわらか

豚のしょうが焼き弁当

作りおきメイン

豚の
しょうが焼き
p.24

朝パパッとサブ

アスパラの
ごまあえ
p.125

そのまま詰める

ミニトマト

青じそ

しょうが焼き弁当バリエ

調味料と野菜をちょい足しするだけで、
「これってもとはしょうが焼き？」と驚く変化が楽しめます。

カレーしょうが焼き弁当

[朝パパッとサブ]
きのこの
いためマリネ
p.131

[そのまま詰める]
ゆで卵

[アレンジ]
カレーしょうが焼き
p.25

ポークチャップ風しょうが焼き弁当

[朝パパッとサブ]
さつまいもの
クリームチーズあえ
p.126

[アレンジ]
ポークチャップ風
しょうが焼き
p.25

[そのまま詰める]
オリーブ

ハニーマヨしょうが焼き弁当

[朝パパッとサブ]
なすの青じそ
漬け
p.123

[そのまま詰める]
ゆでオクラ

[アレンジ]
ハニーマヨ
しょうが焼き
p.25

にら梅しょうが焼き弁当

[朝パパッとサブ]
かぼちゃの甘煮
p.126

[アレンジ]
にら梅
しょうが焼き
p.25

[そのまま詰める]
かに風味
かまぼこ

作りおき

基本の豚のしょうが焼き

かたくなりやすい豚肉が、玉ねぎとしょうがの効果で
冷めてもしっとりやわらかな仕上がりに！

材料・作りやすい分量（約4人分）

豚こまぎれ肉 —— 400g
塩 —— 小さじ1/3
こしょう —— 少々
玉ねぎのすりおろし —— 大さじ4
おろししょうが —— 大さじ1
サラダ油 —— 大さじ1
A ┌ しょうゆ、みりん
  │   —— 各大さじ2
  └ 酒 —— 大さじ1

作り方

1 豚肉は塩、こしょうを振り、玉ねぎ、しょうがをもみ込んで30分ほどおく。

2 フライパンにサラダ油を熱し、**1**をいためる。豚肉に8割ほど火が通ったら合わせたAを加え、さらに2分ほど煮からめ、保存する。

すりおろした玉ねぎとしょうがに漬けると、たんぱく質分解酵素の働きで肉がやわらかく仕上がる。

小分けにして保存すると、1食分がひと目でわかり使いやすい。シリコンカップなら電子レンジ加熱もOK。

冷蔵 **3**日　冷凍 **2**週間

カレーしょうが焼き

スパイシーな香りが食欲を誘う

材料・1人分

豚のしょうが焼き
（p.24）…… 1/4量
キャベツ …… 1枚（60g）
カレー粉 …… 小さじ1/2

作り方

1 しょうが焼きは冷蔵ならそのまま、冷凍なら電子レンジ（600W）で1分加熱する。

2 キャベツは食べやすい大きさにちぎる。

3 耐熱ボウルに1、2、カレー粉を入れてさっとまぜ合わせる。ラップをかけて電子レンジ（600W）で2分加熱する。

ポークチャップ風しょうが焼き

ケチャップとバターでコクが出る

材料・1人分

豚のしょうが焼き（p.24）
…… 1/4量
さやいんげん …… 3本
しめじ …… 30g
バター …… 10g
A ┌ トマトケチャップ、水
　│ 　…… 各小さじ2
　└ 中濃ソース …… 小さじ1/2

作り方

1 しょうが焼きは冷蔵ならそのまま、冷凍なら電子レンジ（600W）で1分加熱する。

2 いんげんはへたを切り落として3等分に切る。しめじはほぐす。

3 フライパンにバターを中火で熱し、2をいためる。しんなりしてきたら1を加えてさっといため合わせ、合わせたAをからめる。

しょうが焼きアレンジ

ハニーマヨしょうが焼き

甘めのマヨだれでしっとりまろやか

材料・1人分

豚のしょうが焼き（p.24）
…… 1/4量
赤パプリカ …… 1/4個
A ┌ マヨネーズ
　│ 　…… 小さじ2
　└ はちみつ …… 小さじ1

作り方

1 しょうが焼きは冷蔵ならそのまま、冷凍なら電子レンジ（600W）で1分加熱する。

2 パプリカは繊維を断つように薄切りにする。

3 耐熱ボウルに1、2を入れてまぜ合わせ、ラップをかけて電子レンジ（600W）で1分加熱する。

4 3にAを加えてからめる。

にら梅しょうが焼き

甘ずっぱい梅味がアクセント

材料・1人分

豚のしょうが焼き（p.24）
…… 1/4量
にら …… 20g
梅干し …… 小さめ1個
（塩分7%：正味10g）

作り方

1 しょうが焼きは冷蔵ならそのまま、冷凍なら電子レンジ（600W）で1分加熱する。

2 にらは3cm長さに切り、梅干しはちぎる。

3 耐熱ボウルに1、2を入れてまぜ、ラップをかけて電子レンジ（600W）で1分30秒加熱する。

肉だねのまとめ方で気分が変わる
みんな大好き洋食おかず

ハンバーグ弁当

朝パパッとサブ

ブロッコリーの
粉チーズマリネ
p.124

作りおきメイン

ハンバーグ
p.28

そのまま詰める

みかん缶

ハンバーグ弁当バリエ

定番の小判形から、肉詰め、ミートボール形まで。
同じ肉だねでも形を変えるとレシピが広がり、食べ飽きません。

オニオンソースハンバーグ弁当

| 朝パパッとサブ |
かぶの
レモンサラダ
p.123

| アレンジ |
オニオンソース
ハンバーグ
p.29

| そのまま詰める |
ミニトマト

青のり

照り焼き和風ハンバーグ弁当

| 朝パパッとサブ |
ほうれんそうの
ソテー
p.124

| アレンジ |
照り焼き
和風ハンバーグ
p.29

| そのまま詰める |
ぶどう

ミートボール弁当

| 朝パパッとサブ |
オクラの梅あえ
p.125

| アレンジ |
ミートボール
p.29

| そのまま詰める |
レンチンかぼちゃ

ピーマンの肉詰め弁当

| 朝パパッとサブ |
キャベツの
マヨカレーいため
p.128

| アレンジ |
ピーマンの
肉詰め
p.29

| そのまま詰める |

かまぼこチーズサンド

作りおき

基本のハンバーグ

ひき肉をしっかりねると肉汁がもれず、ふっくら
ジューシーに。玉ねぎのシャキッと食感がアクセント！

材料・作りやすい分量（約4人分）

合いびき肉──500g
玉ねぎ──1/2個
塩──小さじ1/2
こしょう──少々
卵──1個
A
　パン粉──大さじ6
　牛乳──大さじ4
サラダ油──大さじ1
B
　トマトケチャップ──大さじ2
　中濃ソース、しょうゆ
　　──各小さじ1

冷蔵	冷凍
3日	2週間

作り方

1　玉ねぎはみじん切りにする。

2　ひき肉はボウルに入れてよくねり、粘りが出てきたら、塩、こしょう、卵、玉ねぎ、合わせたAを加えてねりまぜる。

3　4等分し、好みの形にととのえる。たとえば、半量は小判形2個、1/4量は一口大に丸め、残りはピーマンに詰めると4通りのアレンジができる。

4　フライパンにサラダ油を熱し、3を並べて焼く。3分ほど焼いて焼き色がついたら返し、弱火にしてふたをし、7分ほど蒸し焼きにする。

5　ハンバーグはとり出し、フライパンをキッチンペーパーで軽くふきとってから、Bを入れてまぜ合わせ、あたためる。ハンバーグとソースは別に保存する。

Point

肉だねは4等分して、形を変えて焼いておくとアレンジがしやすい。

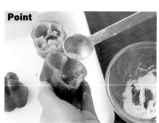

Point

ピーマンに詰める際は、小麦粉を内側に振り入れてまぶすと、肉がはがれにくくなる（レシピはp.29）。

オニオンソースハンバーグ

材料・1人分

小判形のハンバーグ(p.28)
　……1個
玉ねぎのすりおろし
　……大さじ3
サラダ油……小さじ1
A ┌ しょうゆ……大さじ1/2
　├ はちみつ……小さじ1
　└ 赤ワイン(または酒)
　　……大さじ1

作り方

1 ハンバーグは電子レンジ(600W)で冷蔵なら1分、冷凍なら3分加熱する。

2 フライパンにサラダ油を熱し、玉ねぎをいためる。1分ほどいためたらA、1を加えてさっと煮からめる。

照り焼き和風ハンバーグ

材料・1人分

小判形のハンバーグ(p.28)
　……1個
しめじ……30g
A ┌ しょうゆ、みりん、
　│　酒……各小さじ2
　├ 砂糖……小さじ1
　└ 水……大さじ1

作り方

1 ハンバーグは電子レンジ(600W)で冷蔵なら1分、冷凍なら3分加熱する。

2 フライパンにA、ほぐしたしめじを入れて火にかける。煮立ったら1を加え、ゆすりながら1分ほど煮からめる。

ハンバーグアレンジ

ミートボール

材料・1人分

一口大に丸めた
　ハンバーグ(p.28)
　……1人分
A ┌ おろししょうが
　│　(チューブ)……3cm
　├ しょうゆ……小さじ1
　├ みりん、
　├ トマトケチャップ
　└　……各小さじ2

作り方

1 ハンバーグは冷蔵ならそのまま、冷凍なら電子レンジ(600W)で2分加熱する。

2 耐熱ボウルに1とAを入れてまぜる。

3 ラップをかけて電子レンジ(600W)で1分加熱する。

ピーマンの肉詰め

材料・1人分

ピーマン……大きめ1個
ハンバーグの肉だね
　(p.28)……1人分
小麦粉……小さじ1

作り方

1 ピーマンはへたと種をとり除き、小麦粉を入れて口を押さえて振り、内側に小麦粉をまぶす。

2 3等分の輪切りにし、肉だねを詰める。

3 基本のハンバーグといっしょに両面を焼き、保存する。ソースは基本のハンバーグで作るケチャップソースを使う。

＊弁当箱に詰める際は、電子レンジ(600W)で冷蔵なら1分、冷凍なら3分加熱します。

展開のしやすさはピカイチ！
甘辛味が飽きないおいしさ

肉そぼろ弁当

朝パパッとサブ

にんじんの
明太子いため
p.128

作りおきメイン

肉そぼろ
p.32

そのまま詰める

きゅうり

肉そぼろ弁当バリエ

どんぶりにしたり、卵焼きや春巻きの具にしたりと
展開しやすい肉そぼろは、お弁当作りの頼もしい味方です。

彩り三色丼弁当

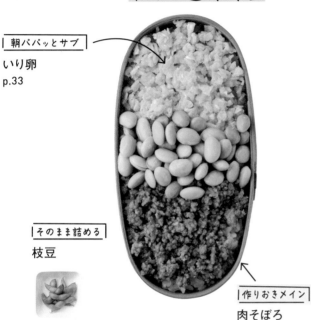

| 朝パパッとサブ |
いり卵
p.33

| そのまま詰める |
枝豆

| 作りおきメイン |
肉そぼろ
p.32

そぼろ入り卵焼き弁当

| アレンジ |
そぼろ入り卵焼き
p.33

| 朝パパッとサブ |
れんこんの
甘酢漬け
p.127

| そのまま詰める |
青菜漬け

そぼろ入り焼き春巻き弁当

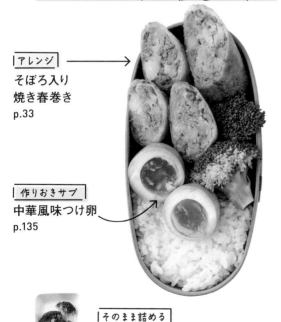

| アレンジ |
そぼろ入り
焼き春巻き
p.33

| 作りおきサブ |
中華風味つけ卵
p.135

| そのまま詰める |
ゆでブロッコリー

ビビンバ丼弁当

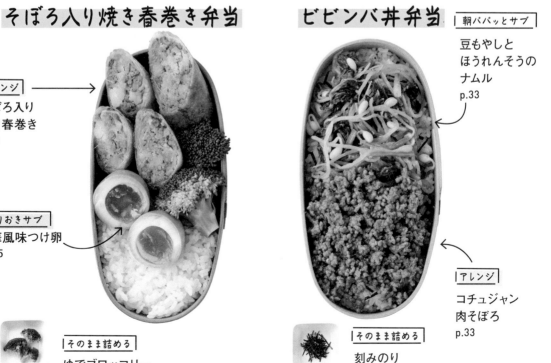

| 朝パパッとサブ |
豆もやしと
ほうれんそうの
ナムル
p.33

| アレンジ |
コチュジャン
肉そぼろ
p.33

| そのまま詰める |
刻みのり

作りおき # 基本の肉そぼろ

コツを押さえれば、ふっくらしっとりとした口当たりに！
白いごはんにぴったり合う甘辛味に仕上げます。

材料・作りやすい分量（約4人分）

豚ひき肉 —— 300g
しょうゆ —— 大さじ3
みりん —— 大さじ2
砂糖、酒 —— 各大さじ1
おろししょうが —— 1かけ分

作り方

1 フライパンにすべての材料を入れて火にかける。菜箸を数本使い、ひき肉をほぐしながら水分がなくなるまでいり、保存する。

*今回ごはんは、どんぶり1杯分（250g）にそぼろ90gのバランスでのせています。弁当箱のサイズによってごはんの分量も違うため、あくまでも目安としてお好みでのせてください。

Point

火にかける前に、ひき肉と調味料を合わせることで、肉に味がしっかりしみ込み、しっとりと仕上がる。

Point

ダマにならないように手早くまぜながら、ひき肉に火を通し、汁けがなくなるまで煮詰める。

冷蔵 **3**日　冷凍 **2**週間

彩り三色丼

材料・1人分

肉そぼろ（p.32）── 90g
卵 ── 1個
ごはん ──
　どんぶり1杯分（250g）
A ┌ 砂糖 ── 大さじ1/2
　│ 酒 ── 小さじ1
　└ 塩 ── ひとつまみ
冷凍枝豆 ── さやつきで80g

作り方

1 肉そぼろは電子レンジ（600W）で冷蔵なら30秒、冷凍なら1分30秒加熱する。

2 卵は割りほぐし、Aを加えてよくまぜる。フライパンを熱して卵液を入れ、いり卵を作る。

3 枝豆は電子レンジ（600W）で1分30秒加熱し、さやから出す。

4 弁当箱にごはんを詰め、1、2、3をのせる。

そぼろ入り卵焼き

材料・1人分

肉そぼろ（p.32）── 30g
卵 ── 2個
水 ── 大さじ2
サラダ油 ── 適量

作り方

1 肉そぼろは冷蔵ならそのまま、冷凍なら電子レンジ（600W）で30秒加熱する。

2 卵を割りほぐし、水、そぼろを順に加えながらまぜ合わせる。

3 卵焼き器にサラダ油を薄くのばして熱し、2を1/3量入れて焼く。表面が少し半熟になったら奥から巻き、奥に戻す。あと2回くり返して卵焼きを作り、4等分に切る。

肉そぼろアレンジ

そぼろ入り焼き春巻き

材料・1人分

肉そぼろ（p.32）── 60g
冷凍フライドポテト
　── 80g
春巻きの皮 ── 2枚
A ┌ 小麦粉、水
　└ ── 各小さじ1
サラダ油 ── 適量

＊肉そぼろが冷凍の場合も小分けにしてあればそのまま入れ、2分加熱でOK。

作り方

1 耐熱ボウルに肉そぼろ、フライドポテトを入れてラップをかけ、電子レンジ（600W）で2分加熱する。すりこ木などでつぶし、あらめにマッシュする。

2 春巻きの皮に1をのせて包み、端をまぜたAでとめる。

3 小さめのフライパンにサラダ油を深さ1cmほど入れて熱し、2を入れる。片面2分ずつ程度、こんがりと揚げ焼きにする。

ビビンバ丼

材料・1人分

肉そぼろ（p.32）── 90g
コチュジャン
　── 小さじ1/2
豆もやし ── 50g
ほうれんそう ── 50g
ごはん ──
　どんぶり1杯分（250g）
A ┌ ごま油 ── 小さじ1
　│ すり白ごま
　│ ── 小さじ1
　│ しょうゆ ── 小さじ1
　│ 塩 ── ひとつまみ
　└ こしょう ── 少々
刻みのり ── 適量

作り方

1 肉そぼろは電子レンジ（600W）で冷蔵なら30秒、冷凍なら1分30秒加熱し、コチュジャンを加えてまぜる。

2 豆もやしと、ざく切りにしたほうれんそうは耐熱皿に入れ、ラップをかけて電子レンジ（600W）で1分加熱する。水にくぐらせて冷まし、水けをしっかりしぼり、Aとあえる。

3 弁当箱にごはんを詰め、のり、1、2をのせる。

魚のおかずといったら甘塩鮭！
ほどよい塩味がごはんと相性抜群

焼き鮭弁当

朝パパッとサブ

にんじん
シリシリ
p.128

作りおきメイン

焼き鮭
p.36

そのまま詰める

青菜漬け

焼き鮭弁当バリエ

風味を加えたり、ほぐして形状を変えればマンネリ知らず。
まぜごはんや焼きそばなど変化球メニューも楽しめます。

鮭のマヨ焼き弁当

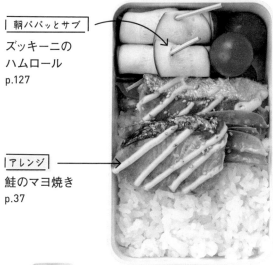

| 朝パパッとサブ |
ズッキーニの
ハムロール
p.127

| アレンジ |
鮭のマヨ焼き
p.37

| そのまま詰める |
ミニトマト

鮭の南蛮漬け風弁当

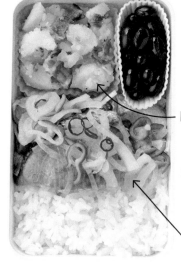

| 朝パパッとサブ |
つぶし
ジャーマンポテト
p.126

| アレンジ |
鮭の南蛮漬け風
p.37

| そのまま詰める |
黒豆

鮭コーンまぜごはん弁当

| 朝パパッとサブ |
小松菜と
油揚げの
めんつゆいため
p.130

| アレンジ |
鮭コーン
まぜごはん
p.37

| そのまま詰める |
ちくわ

鮭塩焼きそば弁当

| 朝パパッとサブ |
折りたたみ
目玉焼き
p.134

| アレンジ |
鮭塩焼きそば
p.37

| そのまま詰める |
紅しょうが

作りおき 基本の焼き鮭

手に入りやすく、塩けもほどよい甘塩鮭を使用。
切り身だけでなく、フレーク状にしておくと使い勝手がアップ！

材料・約5人分

甘塩鮭……5切れ

作り方

1 鮭を魚焼きグリルで焼く。たとえば、3切れはそのまま焼き、2切れは半分に切ってから焼くと、5通りの食べ方ができる。

＊鮭はフライパンで焼いてもOK。フライパン用のオーブンシートやくっつかない仕様のアルミホイルを敷いて焼くと、油なしでも魚がくっつかず、あと片づけも簡単。

2 とり出して、保存する。そのままの形で焼いた3切れのうち2切れは、ほぐしておくと、まぜごはんや焼きそばに使いやすい。

骨と皮をとり除き、ほぐしてフレーク状にしておくと便利で使いやすい。

冷蔵 5日 冷凍 2週間

マヨをかけるだけでコクうまに変身

鮭のマヨ焼き

材料・1人分

半分に切って焼いた鮭
（p.36）…… 1切れ分
絹さや …… 20g
マヨネーズ …… 適量（5g）
いり白ごま …… 適量

作り方

1 焼き鮭は冷蔵ならそのまま、冷凍なら電子レンジ（600W）で1分加熱する。

2 耐熱皿に筋をとった絹さや、焼き鮭をのせ、マヨネーズをしぼる。ラップをかけて電子レンジ（600W）で1分加熱する。仕上げにごまを振る。

マリネをのせてシャキッとさっぱり

鮭の南蛮漬け風

材料・1人分

半分に切って焼いた鮭
（p.36）…… 1切れ分
玉ねぎ …… 1/8個
ピーマン …… 1/2個
A ┌ 赤とうがらしの小口切り
  │ …… ひとつまみ
  │ 酢 …… 小さじ2
  │ 砂糖 …… 小さじ1
  └ しょうゆ …… 小さじ1/2

作り方

1 焼き鮭は電子レンジ（600W）で冷蔵なら30秒、冷凍なら2分加熱する。

2 玉ねぎは繊維を断つように薄切り、ピーマンは細切りにして耐熱ボウルに入れる。Aを加えてまぜ合わせ、電子レンジ（600W）で30秒加熱する。

3 1に2をのせる。

⇒ 焼き鮭アレンジ ⇐

青のり＆バターの香りがやみつきに

鮭コーンまぜごはん

材料・1人分

ほぐした焼き鮭（p.36）
…… 1切れ分
ごはん ……
どんぶり1杯分（250g）
粒コーン …… 30g
青のり …… 小さじ1
バター …… 5g
しょうゆ …… 小さじ1/2

作り方

1 焼き鮭は電子レンジ（600W）で冷蔵なら20秒、冷凍なら1分30秒加熱する。

2 ごはんは冷たければあたため、1、汁けをきったコーン、青のり、バター、しょうゆを加えてまぜ合わせる。

シンプルなあっさり味で箸が進む！

鮭塩焼きそば

材料・1人分

ほぐした焼き鮭（p.36）
…… 1切れ分
豆苗 …… 50g
しょうが …… 1かけ
中華蒸しめん …… 1玉
ごま油 …… 大さじ1
塩 …… ふたつまみ
こしょう …… 少々

作り方

1 焼き鮭は冷蔵ならそのまま、冷凍なら電子レンジ（600W）で1分加熱する。

2 豆苗は3cm長さに切り、しょうがはせん切りにする。

3 フライパンに2、めん、1を入れ、ごま油、水大さじ2を回し入れ、ふたをする。火にかけ2分蒸す。

4 めんをほぐしながら全体をまぜ、塩、こしょうで味つけする。

Part 2

1品あれば朝ラク！
作りおきおかず

「作りおきメイン」は、
鶏肉、豚肉、ひき肉、牛肉、魚介のレシピを材料別に選べます。
いつもの材料で、おいしく、栄養もとれるおかずばかり！
特売パックの肉や魚介でたくさん作りおきして、朝はラクしましょう。
「作りおきサブ」は、いろいろな食材を使ったボリューム副菜と、
緑、赤・ピンク、黄・オレンジ、茶・黒の食材を使った差し色副菜です。
お弁当の野菜不足の解消や、彩りアップに役立ててくださいね。

| 作りおきメイン | 作りおきサブ |

作りおきおかずの 基本ルール

たっぷりめに作ったおかずは、清潔な保存容器に入れ、よく冷まして保存します。
冷凍・冷蔵はそれぞれにメリットがあるので、好みで使い分けましょう。

４～６人分を作る

> 一度に
> たくさん
> 作っておく

本書の作りおきレシピは、４～６人分が基本です。２～３人家族という場合にも、どうせならたっぷりめに料理しておくことで、朝ごはんや晩ごはんにも食卓に出せるので助かります。余裕のある週末に作ったり、晩ごはんのついでに仕込んだり、やりくりしてみてください。

パターン**1**
すべてお弁当用に保存

全量をお弁当用に保存すれば、何度も登場できる助っ人おかずに。保存期間を過ぎても残っていたら、ふだんの食卓で食べきりましょう。

パターン**2**
晩ごはんで食べて 残りを保存する

作りおきおかずは、お弁当に限らず、朝昼晩に食べておいしい！ ハンバーグなら半分は大きく焼いて晩ごはん用に、残りをお弁当用にしても。

ふたつきの密閉容器で保存

冷めたら
ふたをする

湯気が出ていると、ふたに水滴がついて菌が繁殖しやすくなります。完全に冷めてからふたをしましょう。

ほうろうやガラス製の保存容器は、冷蔵・冷凍OKで、熱湯で洗浄・消毒がしやすいです。プラスチック製は軽くて密閉性もよいのが利点ですが、汚れが残りやすく、においや色が移りやすいので、よく洗って清潔を保ちましょう。いずれも、ふたをしっかり閉めて保存します。

小分けカップで仕切る

作りおきおかずは、シリコンカップなど耐熱性のカップに小分けすると、電子レンジでそのまま加熱ができます。冷凍する場合は特に、小分けがおすすめ（p.42）。仕切りのある製氷皿や保存容器を使ってもかまいません。

こんな
やり方でも
OK

保存袋に入れる

揚げ物など、くっつきにくいおかずは保存袋（フリーザーバッグ）でも冷凍保存できます。

ラップで包んで保存袋へ

1食分ずつラップで包み、まとめて保存袋に入れる方法も。コンパクトで場所をとりません。

1食分ずつ保存容器へ

少し残ったおかずを保存したいときは、小さい保存容器も便利。1食分をすぐとり出せます。

冷凍保存は小分けがおすすめ

●冷凍に向くおかず
揚げ物、いため物、焼き物など
汁けの少ないもの
汁けがあれば、汁をよくきる

●冷凍のメリット
菌が増殖しにくく、長期保存できる
小分けしてあるので詰めやすい

おかず同士がくっつかないように仕切る

ひとまとめに冷凍してしまうと、固まって1食分がとり出しにくくなります。冷凍してもくっつきにくい揚げ物や、ハンバーグなど平らに間隔をあけて並ぶおかず以外は、小分けしておくのがおすすめ。冷凍すると長期保存できるとはいえ、少しずつ劣化はするので、2週間ほどを目安に食べきるのが安心です。

詰めるときは…

凍ったまま詰める

野菜の副菜は、凍ったまま詰めてもOK。ただし、寒い季節や、冷凍おかずの量が多いときは、昼食時に中まで解凍されないこともあります。

電子レンジで熱々にする

油を使った料理や、脂肪の多い肉や魚のおかずは、加熱したほうがおいしく、殺菌にもなるので安心です。きちんと冷まして詰めます。

トースターでカリッと焼く

揚げ物はオーブントースターで焼き直し、表面のカリッ、サクッとした食感をとり戻してから詰めるのがおすすめ。

冷蔵保存は容器に直接入れる

●冷蔵に向くおかず
水分の多い生野菜や
煮物、マリネなど、汁けが多いもの
時間がたつと味のなじむもの

●冷蔵のメリット
朝・晩の1品としても活躍！
好きな量を詰められる

**容器に
まとめて
入れてOK**

冷蔵保存の場合は、小分けせずに
容器に入れてかまいません。箸休め
として少し詰めたり、おかずが不足ぎ
みだからたっぷり詰めたり、量をかげ
んできます。時間がたつと味がしみ
ておいしくなるおかずは、冷蔵保存
向き。保存性を高めるためにも、少
し濃いめの味つけにします。3〜5
日を目安に食べきりましょう。

詰めるときは…

清潔な菜箸で、汁けをきって詰める

必ず清潔な菜箸やスプーンを使ってとり出し、詰めたあとは、再び密閉して保
存します。あたため直す場合は、冷凍の場合と同様に、電子レンジやオーブ
ントースターで加熱します。

**おかず名と
日付を書くと
忘れない**

マスキングテープを貼り、おかずの名
前と作った日付をメモすると、食べ忘
れを防げます。

やさしいうまみにほっとする！
味つけを選ばない万能選手

鶏肉がメインのお弁当

彩り野菜の鶏肉巻き弁当

朝パパッとサブ　豆もやしとちくわの
カレーいため p.130

作りおきメイン

彩り野菜の鶏肉巻き
p.47

そのまま詰める

青菜漬け

鶏の照り焼き弁当

朝パパッとサブ
ごぼうの
さんしょうきんぴら p.131

そのまま詰める

青じそ　　　たくあん

作りおきメイン
鶏の照り焼き p.46

鶏肉とうずら卵のカレー煮弁当

朝パパッとサブ
セロリと桜えびの
香りサラダ p.123

そのまま詰める　白ごま

作りおきメイン
鶏肉とうずら卵の
カレー煮 p.51

鶏の照り焼き

コクのある甘辛だれで、つやつや!
ごはんと相性抜群なので、のっけ弁にするのもおすすめ

材料・4人分

鶏もも肉── 2枚
塩── 少々
サラダ油── 大さじ1
A ┌ しょうゆ── 大さじ2
  │ みりん── 大さじ1
  │ 砂糖── 小さじ2
  └ 酒── 小さじ1

作り方

1 鶏肉は皮目をフォークなどで刺して数カ所穴をあけ、塩を振る。

Point 皮の焼き縮みを防ぎ、味がよくしみ込むように穴をあける。

2 フライパンにサラダ油を熱し、**1**を皮目から入れて焼く。焼き色がしっかりついたら返し、両面を焼く。ふたをして弱火で5分ほど焼き、中まで火を通す。

3 鶏肉から出た余分な脂をキッチンペーパーでふきとり、よくまぜたAAを加えて煮からめる。あら熱がとれたら食べやすく切り、保存する。

Point 脂が多いと味がしみ込みにくく、においのもとにもなるので余分な脂をとり除く。

冷蔵 **3**日
冷凍 **2**週間

MEMO

皮に焼き目をつけたら、蒸し焼きにするとふっくら仕上がります。

彩り野菜の鶏肉巻き

あっさりした胸肉で味わい軽やか
シャキッと食感がアクセントになる野菜で、華やかな印象に

材料・6人分

鶏胸肉 —— 2枚
塩 —— 少々
さやいんげん —— 6本
にんじん —— 1/2本
ねぎ —— 1/2本
サラダ油 —— 小さじ1
酒 —— 大さじ1
A ┌ みそ、しょうゆ —— 各大さじ1
　└ みりん —— 大さじ2

冷蔵 3日　冷凍 2週間

作り方

1 鶏肉は厚みに包丁を入れて切り開き、薄く広げて塩を振る。

Point 肉のいちばん厚いところに包丁を入れて切り開き、巻きやすい薄さにする。

2 いんげんはへたを切り落とし、にんじん、ねぎは細切りにする。**1**にのせて巻き、たこ糸でしばる。

3 フライパンにサラダ油を熱し、**2**を転がしながら焼く。全体に焼き色がついたら酒を振ってふたをし、弱火で10分ほど蒸し焼きにして火を通す。

4 余分な脂をキッチンペーパーでふきとり、よくまぜた**A**を加え、転がしながら全体に煮からめる。

Point 全体に味がつくように菜箸で転がしながらからめる。

5 冷めたら1本を6等分の輪切りにし、保存する。

MEMO

たこ糸がない場合は、つまようじでしっかりとめて焼きましょう。

チキングラタン

クリーミーな手作りホワイトソースが、飽きないおいしさ
オーブンで焼かずに、クリーム煮にしてもOK

冷蔵 3日　**冷凍 2週間**

材料・6人分

鶏もも肉 —— 1枚
塩、こしょう —— 各少々
玉ねぎ —— 1/2個
しめじ —— 1/2パック(50g)
サラダ油 —— 小さじ1
A ┌ バター、薄力粉 —— 各25g
　│ 牛乳 —— 1カップ
　└ 塩、こしょう —— 各適量
ピザ用チーズ —— 30g

作り方

1 ホワイトソースを作る。なべにAの
バターをとかし、薄力粉を2〜3回に
分けて加え、木べらでよくまぜながら
弱火でいためる。牛乳を少しずつ加
えて木べらでよくまぜ、ほどよくとろみ
がついたら、塩、こしょうで味をとと
のえる。

Point 牛乳を少しずつ加
え、そのつどよくか
きまぜて牛乳をな
じませるのが、ダマ
にならないコツ。

2 鶏肉は一口大に切り、塩、こしょう
を振る。玉ねぎはみじん切りにし、し
めじはほぐす。

3 フライパンにサラダ油を熱して鶏
肉を焼き、焼き色がついたら玉ねぎ、
しめじを加えていため合わせる。ふ
たをして弱火で3分ほど蒸し焼きに
し、火を通す。

4 1を加えてよくまぜ、オーブン可の
シリコンカップ(またはアルミカップ)
に等分に入れる。チーズをのせ、
200度のオーブンで表面に焼き色が
つくまで10分ほど焼き、保存する。

Point カップを耐熱容器
に並べて焼くと広
がりにくく、焼きや
すい。

MEMO
しめじのかわりにマッ
シュルームやエリンギ
を入れてもOK。

鶏チャーシュー

煮汁を煮詰めたたれでしっかり味に

材料・4人分

鶏胸肉 —— 2枚

A ┌ しょうゆ —— 大さじ3
　│ みりん、酒
　│ 　　—— 各大さじ2
　│ はちみつ —— 大さじ1
　│ おろしにんにく、
　│ 　おろししょうが
　└ 　　—— 各小さじ1/2

作り方

1 鶏肉は皮のほうを表側にして巻き、たこ糸でしばり、皮に竹ぐしで数カ所穴をあける。

Point

鶏肉をしっかり巻き込んでから、たこ糸でぐるぐるしばって形をととのえる。

2 なべに**1**、水1/2カップ、Aを入れ、落としぶたをして火にかける。煮立ったら弱火にし、10分ほど煮て火を止め、そのまま冷ます。

3 鶏肉をとり出してたこ糸をとり除き、食べやすく切って保存容器に移す。

4 煮汁を半量くらいまで煮詰めて**3**にかけ、保存する。

冷蔵 **3**日　冷凍 **2**週間

鶏胸肉の マーマレード焼き

まろやかな酸味と甘みが食欲をそそる

材料・4人分

鶏胸肉 —— 2枚
塩、こしょう —— 各少々
サラダ油 —— 小さじ2
酒 —— 大さじ1

A ┌ マーマレード
　│ 　　—— 大さじ2
　│ 薄口しょうゆ
　└ 　　—— 大さじ1.5

作り方

1 鶏肉は食べやすい大きさに切り、塩、こしょうを振る。

2 フライパンにサラダ油を熱して**1**を入れ、両面にこんがり焼き色をつける。酒を振り、ふたをして弱火にし、5分ほど蒸し焼きにして火を通す。

3 まぜたAを加えて煮からめ、保存する。

冷蔵 **3**日　冷凍 **2**週間

筑前煮

鶏肉と根菜たっぷりでほっとする、煮物の定番
メインはもちろん、サブおかずにも重宝！

材料・4人分

鶏もも肉 —— 1枚
ごぼう —— 1/2本
れんこん —— 80g
にんじん —— 1/2本
生しいたけ —— 4個
さやいんげん —— 5本
ごま油 —— 小さじ2
A┌ しょうゆ、みりん —— 各大さじ2

冷蔵 **3**日　冷凍 **2**週間

作り方

1 鶏肉は一口大に切る。

2 ごぼうは皮をこそげて乱切りにし、れんこん、にんじんも一口大の乱切りにする。しいたけは石づきを落として縦4等分に切る。ごぼうはさっと水にさらし、水けをきる。

3 なべにごま油を熱して**1**をいため、色が変わったら**2**を加えてさっといため合わせる。水1カップ、Aを加え、落としぶたをして弱火で10分ほど煮る。

Point　ごま油でいためてから煮ると、鶏肉のにおいが消え、野菜は煮くずれしにくくなる。

4 いんげんはへたを切り落として3cm長さに切る。**3**に加えて強火にし、煮汁がほぼなくなるまで煮からめ、保存する。

Point　お弁当向きに仕上げるため、汁けがほぼなくなるまで水分をしっかりとばして煮る。

MEMO

食材それぞれから風味が出るので、だしいらずで滋味深い味に。

鶏じゃが

ほくほくのじゃがいもでボリュームアップ

冷蔵 **3**日

材料・4人分

鶏もも肉 —— 1枚
塩、こしょう —— 各少々
おろしにんにく
　—— 小さじ1/3
じゃがいも —— 2個
にんじん —— 1/2本
玉ねぎ —— 1/2個
サラダ油 —— 小さじ2
A┌ しょうゆ、みりん
　└ —— 各大さじ1.5

作り方

1 鶏肉は一口大に切って塩、こしょうを振り、にんにくをもみ込む。

2 じゃがいも、にんじんは一口大の乱切りにし、玉ねぎは同じ大きさのざく切りにする。

3 なべにサラダ油を熱して**1**を入れ、焼き色がついたら玉ねぎを加えていため合わせ、しんなりしたらじゃがいも、にんじんを加える。水1カップ、Aを加えて落としぶたをし、ひと煮立ちしたら弱火にし、10分ほど煮る。

4 じゃがいもに火が通ったら強火にし、煮汁がほぼなくなるまで煮からめ、保存する。

鶏肉とうずら卵の カレー煮

食欲をそそるカレー風味で冷めても味わい豊か

冷蔵 **3**日　冷凍 **2**週間

材料・4人分

鶏もも肉 —— 400g
塩、こしょう —— 各少々
玉ねぎ —— 1/2個
にんにく —— 1/2かけ
うずらの卵（水煮）
　—— 8個
サラダ油 —— 小さじ2
A┌ トマトケチャップ
│ —— 大さじ2
│ カレー粉、しょうゆ
└ —— 各小さじ1.5

作り方

1 鶏肉は一口大に切って塩、こしょうを振る。玉ねぎはくし形切り、にんにくはみじん切りにする。

2 なべにサラダ油とにんにくを入れて熱し、香りが立ったら鶏肉を入れていためる。焼き色がついたら玉ねぎを加えていため合わせる。

3 うずらの卵、水1/2カップ、Aを加えて落としぶたをする。煮汁がほぼなくなるまで中火で5分ほど煮て、保存する。

食べると元気がわいてくる
ボリュームおかずはおまかせ!

豚肉がメインのお弁当

豚肉のみそ焼き弁当

朝パパッとサブ キャベツの
梅いため p.128

作りおきメイン
豚肉のみそ焼き
p.57

そのまま詰める
桜でんぶ

梅チーズ巻き巻き弁当

朝パパッとサブ
いんげんの
バタピーいため p.129

作りおきメイン
梅チーズ巻き巻き p.55

そのまま詰める

ゆで卵　　黒ごま　　青じそ

豚肉のさっぱり煮弁当

そのまま詰める
煮豆

作りおきメイン
豚肉のさっぱり煮 p.58

朝パパッとサブ
豆苗と桜えびのサラダ p.125

ポークチャップ

ケチャップ＆ウスターソースの黄金コンビでコクうま！
大人も子どもも好きな洋風レシピ

材料・4人分

豚肩ロースかたまり肉 ── 300g
塩、こしょう ── 各少々
しめじ ── 1/2パック
玉ねぎ ── 1/2個
にんにく ── 1かけ
A ┌ トマトケチャップ ── 大さじ4
　└ ウスターソース、酒 ── 各大さじ2
サラダ油 ── 小さじ2
酒 ── 大さじ2
薄力粉 ── 大さじ1

作り方

1 豚肉はすりこ木などでたたき、食べやすく一口大に切り、塩、こしょうを振る。しめじはほぐす。

2 玉ねぎ、にんにくはすりおろしてAとまぜ、豚肉を入れてもみ込み、15分ほど漬ける。

Point 玉ねぎ、にんにくをもみ込んでおくと、風味づけと同時に肉がやわらかくなる。

3 フライパンにサラダ油を熱し、汁けをきった**2**を入れて焼く。全体に焼き色がついたら、しめじを加えていため合わせる。酒を振ってふたをし、弱火で3分ほど蒸し焼きにする。

4 肉に火が通ったら、**2**の漬け汁を加えてからめる。薄力粉を茶こしで振り入れてまぜ、ひと煮してとろみをつけ、保存する。

Point 水っぽいと汁もれの心配があるので、薄力粉を振り入れて、煮汁に濃度をつける。

冷蔵 **3**日
冷凍 **2**週間

MEMO

かたまり肉を使うと食べごたえじゅうぶん。こまぎれ肉でもOKです。

梅チーズ巻き巻き

梅の酸味とチーズのうまみをくるっと巻き込んで
手軽に作れる一口サイズの肉巻き

材料・4人分

豚薄切り肉 ── 12枚
塩、こしょう ── 各少々
梅干し ── 4個
粉チーズ ── 大さじ2
サラダ油 ── 小さじ2
酒 ── 大さじ2

冷蔵 **3**日　冷凍 **2**週間

作り方

1 豚肉は1枚ずつ広げて塩、こしょうを振る。

2 梅干しは種を除いてたたき、ペースト状にする。

Point　梅干しは果肉を包丁でたたいてペースト状にして肉に塗ると、味がしっかり行き渡る。

3 **1**に**2**を等分に塗り、粉チーズを振って端からクルクル巻く。

Point　梅肉とチーズをきっちり巻き込み、巻き終わりは軽く握ってとめるとよい。

4 フライパンにサラダ油を熱し、**3**を巻き終わりを下にして並べ入れ、転がしながら全体に焼き色をつける。酒を振ってふたをし、弱火で3分ほど蒸し焼きにして中まで火を通し、保存する。

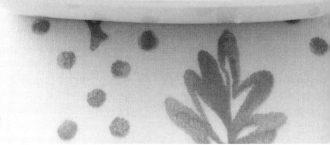

MEMO
肉巻きはしっかり焼き色をつけると、見た目もおいしさもアップ！

ロースとんカツ

豚肉のボリュームおかずといえばこれ！
カツ丼やカツサンドなど、アレンジもお楽しみ

材料・4人分

豚ロース厚切り肉 —— 4枚
塩、こしょう —— 各少々
A ┌ とき卵 —— 1個分
  └ サラダ油 —— 小さじ1
薄力粉、パン粉、揚げ油 —— 各適量

冷蔵 **3**日 　 冷凍 **2**週間

作り方

1 豚肉は筋を切り、すりこ木などでよくたたいて伸ばす。手で周りからキュッと寄せて元の大きさに戻し、塩、こしょうを振る。

Point 脂身と肉の間の筋を切り、さらにたたいて伸ばし、繊維をやわらかくすると食べやすい。

Point やわらかくした肉は手で包み込み、キュッと縮めて元の大きさに戻し、厚みを出す。

2 Aはよくまぜる。

3 1に薄力粉をまぶし、2にくぐらせてパン粉をまぶしつけ、170度の油でカラッと揚げ、油をきる。

4 冷まして食べやすく切り、保存する。弁当箱に詰めるときに、好みのソースを添える。

MEMO
食べやすく切って冷凍しておくと、ちょこっと使いもできて便利です。

豚肉のみそ焼き

一味とうがらしで味わいが引き締まる

材料・4人分
豚ロース厚切り肉
　── 400g
サラダ油 ── 小さじ2
┌ みそ、砂糖、みりん
│ 　── 各大さじ1
A│ 一味とうがらし
│ 　── 小さじ1/2
└ しょうゆ ── 小さじ1

作り方
1 豚肉は食べやすく一口大に切る。
Aはよくまぜておく。
2 フライパンにサラダ油を熱して
豚肉を並べ入れ、全体に焼き色が
ついてきたらふたをして弱火にし、
3分ほど焼いて中まで火を通す。
3 余分な脂をキッチンペーパーで
ふきとり、Aを加えて煮からめ、保
存する。

冷蔵 **3**日　冷凍 **2**週間

クルクル酢豚

薄切り肉を丸めて作るからやわらかい！

材料・4人分
豚ロース薄切り肉
　（しゃぶしゃぶ用）
　── 300g（16枚）
塩、こしょう ── 各少々
かたくり粉 ── 適量
サラダ油 ── 大さじ2
酒 ── 大さじ1
┌ しょうゆ
│ 　── 大さじ1.5
│ 砂糖 ── 大さじ2
A│ 酒、酢 ── 各大さじ3
│ しょうがのしぼり汁
└ 　── 小さじ1
┌ かたくり粉、水
B└ 　── 各小さじ1.5

作り方
1 豚肉は1枚ずつ広げて塩、こ
しょうを振り、巻きつけるようにしな
がらだんご状にし、かたくり粉を
まぶす。
2 フライパンにサラダ油を熱して
1を入れ、全体に焼き色がつくま
で転がしながら焼く。酒を振って
ふたをし、弱火で3分ほど蒸し焼
きにして中まで火を通す。
3 Aをよくまぜて**2**に加え、全体
にからめる。よくまぜたBを加え、
ひと煮してとろみをつけ、保存する。

冷蔵 **3**日　冷凍 **2**週間

豚肉のさっぱり煮

食べごたえ満点のかたまり肉が、酢の効果でさっぱり
煮卵もいっしょにでき上がるのがうれしい

材料・4人分

豚肩ロースかたまり肉 —— 400g
にんにく —— 1かけ
しょうが —— 1かけ
ゆで卵 —— 4個
A ┌ 酢、みりん —— 各大さじ2
　 └ しょうゆ、酒 —— 各大さじ3

作り方

1 豚肉はたこ糸でしばって煮くずれを防ぐ。煮豚用にネットがかけてあるものを買うと便利。にんにくとしょうがは包丁でたたきつぶす。

2 1をなべに入れてかぶるくらいの水を加えて火にかけ、煮立ったら弱火にして90分ほどゆでる。

3 ゆで汁は捨てて豚肉のあら熱をとり、たこ糸をはずして弁当箱に詰めやすい大きさに切る。

4 なべに豚肉、ゆで卵を入れて水1/2カップ、Aを加え、落としぶたをして5分ほど中火で煮る。

Point 豚肉は下ゆでをして余分な脂肪を落とし、肉のくさみをとってから調味料で煮るのがコツ。

Point 酢は脂っこさを中和してさっぱり仕上げ、肉をやわらかくする効果もある。

5 汁ごと保存容器に移して、保存する。

冷蔵 **3**日
冷凍 **2**週間

MEMO

肉をたこ糸でしばるのは手間なので、ネット入りを買うと便利です。

薄切り肉と
れんこんの揚げ漬け

梅干しをいっしょに煮て日もちをよく

冷蔵 3日　**冷凍 2週間**

材料・4人分
豚薄切り肉 —— 200g
塩 —— 少々
れんこん —— 50g
にんじん —— 1/3本
A ┌ 梅干し —— 2個
　│ 酒 —— 1/2カップ
　│ しょうゆ、みりん
　│ 　—— 各大さじ2
　│ 砂糖 —— 小さじ1
　│ 粉ざんしょう
　└ 　—— 小さじ1/2
薄力粉、揚げ油
　—— 各適量

作り方
1 豚肉は食べやすく切って塩を振る。れんこん、にんじんは5mm厚さの半月切りにする。
2 なべにAを入れてひと煮立ちさせ、保存容器に入れる。
3 1に薄力粉をまぶし、170度の油で揚げる。熱いうちに2に漬け、保存する。

> **MEMO**
> 冷蔵保存している間、ときどきまぜると、味がムラなくしみ込みます。

豚肉と大豆と大根の
中華風煮

時間とともに味がなじんでおいしくなる

冷蔵 3日　**冷凍 2週間**

材料・作りやすい分量
豚肩ロース厚切り肉
　—— 200g
大豆(水煮)
　—— 正味100g
大根 —— 3〜4cm長さ
ごま油 —— 小さじ2
A ┌ しょうゆ、みりん
　│ 　—— 各大さじ2
　│ オイスターソース
　│ 　—— 小さじ2
　└ 赤とうがらし —— 1本

作り方
1 豚肉、大根は2cm角に切る。
2 なべにごま油を熱して豚肉をいため、大根、大豆を加えてさっといため合わせる。水1カップ、Aを加えて落としぶたをし、弱火で10分ほど煮含めて、保存する。

形で変化をつけやすく
パクッと食べやすいのもうれしい
ひき肉がメインのお弁当

鶏ひき肉のゆでだんご弁当

朝パパッとサブ にんじんの
粒マスタードサラダ p.123

そのまま詰める

 ゆでブロッコリー

 ふりかけ

作りおきメイン

鶏ひき肉のゆでだんご
みそカレーだれ p.62

60

れんこんのはさみ焼き弁当

朝パパッとサブ ピーマンの
オイスターいため p.129

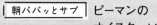

そのまま詰める

梅干し

作りおきメイン

れんこんのはさみ焼き
p.65

鶏つくね弁当

朝パパッとサブ
小松菜のなめたけあえ p.124

そのまま詰める

のり　みかん

作りおきメイン
鶏つくね p.65

鶏ひき肉のゆでだんご みそカレーだれ

みそ × カレーで、ごはんが進むこっくり味に
つなぎにお麩を入れると、ふっくらやわらかに仕上がる

材料・約4人分

鶏ひき肉 —— 400g
玉ねぎ —— 1/2個
しょうが —— 1かけ
卵 —— 1個
小町麩 —— 40g
塩 —— 小さじ1/2
こしょう —— 少々

A ┌ みそ、みりん —— 各大さじ2
　│ 砂糖 —— 小さじ2
　└ カレー粉 —— 小さじ1/2

冷蔵 **3**日　冷凍 **2**週間

作り方

1 玉ねぎ、しょうがはみじん切りにする。小町麩は手でつぶしながらこまかく砕く。

Point お麩を入れるとふんわりと仕上がる。お麩がない場合は、かたくり粉大さじ1でもOK。

2 ひき肉をねり、**1**、ときほぐした卵、塩、こしょうを加えてさらにねり合わせ、一口大に丸める。20個作る。

3 なべに湯を沸かし、**2**を6分ほどゆでる。

4 耐熱ボウルにAを入れてまぜ、電子レンジ（600W）で1分加熱する。**3**を加えてからめ、保存する。

Point 甘めのみそだれにカレー粉を加えることで、ごはんによく合うコクのある味になる。

MEMO

小町麩とは、みそ汁などに使われる一般的な焼き麩のこと。つなぎとして使うとやわらかい食感に仕上がります。

油揚げロール

ちょっと手をかけてひき肉をごちそうに

冷蔵 **3**日 ／ 冷凍 **2**週間

材料・4人分

油揚げ——2枚
豚ひき肉——200g
さやいんげん——10本
A［パン粉——大さじ4
　 とき卵——1/2個分
めんつゆ（ストレート
　　タイプ）——3/4カップ

作り方

1 油揚げは3辺を切り開いて1枚に開き、熱湯をかけて油抜きする。

2 ひき肉にAを加えてねりまぜ、2等分して1に塗り広げ、へたを切り落としたいんげんをのせて端からきっちり巻き、巻き終わりをつまようじでとめる。

3 なべ（フライパンでも）に2、めんつゆ、水1/4カップを入れて落としぶたをし、ひと煮立ちしたら弱火にし、15分ほど煮含める。そのまま冷まして食べやすく切り、保存する。

かぼちゃのそぼろ煮

とうがらしで味が締まり、食材の甘みが引き立つ

冷蔵 **3**日 ／ 冷凍 **2**週間

材料・4人分

豚ひき肉——200g
かぼちゃ
　——小1/2個（約500g）
A［みりん——大さじ2
　 しょうゆ
　　——大さじ1.5
　 みそ——小さじ2
　 赤とうがらし——1本

作り方

1 かぼちゃは皮をむかずに大きめの一口大に切る（角を薄く切り落として面とりしても）。

2 冷たいフライパンに油を引かずにひき肉を入れ、色が変わるまで中火でいためる。

3 水1.5カップ、1、Aを加え、落としぶたをしてひと煮立ちさせ、弱火にして10分ほど煮る。

4 煮汁がほぼなくなったら、保存する。

ポテトコロッケ

ひき肉にしっかり味をつけるのがポイント！
冷めてもおいしく、ソースいらずで持っていきやすい

材料・6人分

じゃがいも ── 3個（約400g）
塩、こしょう ── 各少々
合いびき肉 ── 150g
玉ねぎ ── 1/2個
サラダ油 ── 小さじ1
A┌ ウスターソース、
 │   トマトケチャップ ── 各大さじ1
 └ 塩、こしょう ── 各少々
薄力粉、とき卵、パン粉、揚げ油
　　── 各適量

冷蔵 **3**日　冷凍 **2**週間

作り方

1 じゃがいもはよく洗って皮つきのまま蒸す（またはゆでるか、電子レンジで加熱しても）。熱いうちに皮をむき、ボウルに入れてつぶす。塩、こしょうを加えてまぜる。

Point じゃがいもをキッチンペーパーやふきんで包むと、熱々でも皮がむきやすい。

2 玉ねぎはみじん切りにする。

3 フライパンにサラダ油を熱してひき肉をいためる。玉ねぎを加えていため合わせ、火が通ったらAを加えてまぜる。

Point ケチャップ、ソースでしっかりめに味つけすれば、何もつけなくてもおいしい。

4 **1**に**3**を加えてよくまぜ、12等分して丸め、薄力粉、とき卵、パン粉の順に衣をつける。170度の油でカラッと揚げ、油をきって、保存する。弁当箱に詰めるときに、好みのソースを添えても。

MEMO

じゃがいもは皮つきのまま蒸すと、うまみがギュッと凝縮します。

鶏つくね

ねぎとしょうがをきかせた王道の甘辛味

材料・4人分

鶏ひき肉 —— 400g
ねぎ —— 1/2本
しょうが —— 1かけ
A
- とき卵 —— 1/2個分
- かたくり粉
  —— 大さじ1
- しょうゆ、砂糖、酒
  —— 各小さじ1
サラダ油 —— 大さじ1
酒 —— 大さじ2
B
- しょうゆ、みりん
  —— 各大さじ1.5
- 砂糖 —— 小さじ2

作り方

1 ねぎ、しょうがはみじん切りにする。

2 ボウルにひき肉を入れてよくねり、**1**、Aを加えてねりまぜ、12等分くらいにして丸形にととのえる。

3 フライパンにサラダ油を熱して**2**を並べ、両面に焼き色がついたら酒を振ってふたをし、弱火で3分ほど蒸し焼きにして火を通す。

4 余分な油をキッチンペーパーでふきとり、Bを加えて煮からめ、保存する。

冷蔵 **3**日　冷凍 **2**週間

れんこんのはさみ焼き

手間をかけたおかずこそ作りおきで楽しもう

材料・4人分

合いびき肉 —— 150g
むきえび —— 50g
ねぎ —— 1/4本
しょうが —— 1かけ
れんこん
  —— 小1節（約200g）
A
- かたくり粉、酒
  —— 各大さじ1
- 塩 —— 小さじ1
かたくり粉 —— 適量
サラダ油 —— 大さじ1

作り方

1 えびは背わたをとってあらく刻み、ねぎとしょうがはみじん切りにする。

2 ボウルにひき肉を入れてよくねり、**1**、Aを加えてねりまぜる。

3 れんこんは5mm厚さの半月切りにし、酢水（分量外）にさらして水けをふく。片面にかたくり粉をまぶし、**2**を等分にはさむ。

4 フライパンにサラダ油を熱して**3**の両面を焼く。ふたをして弱火で5分ほど焼いて火を通し、保存する。

＊むきえびがなければ、合いびき肉200gで作ってもOK。

冷蔵 **3**日　冷凍 **2**週間

シューマイ

ひき肉にほたてを合わせて、うまみたっぷり！
カップに入れて冷凍しておけば、すき間を埋めるのにも重宝

材料・4人分

豚ひき肉 —— 200g
ほたて水煮（缶詰）—— 50g
ねぎ —— 1/2本
しょうが —— 1かけ

A ┌ 酒 —— 大さじ2
　│ しょうゆ、かたくり粉
　│ —— 各大さじ1
　└ 塩 —— 小さじ1/2

シューマイの皮 —— 20枚

冷蔵 **3**日　冷凍 **2**週間

作り方

1 ほたてはざるに入れて缶汁をきる。ねぎ、しょうがはみじん切りにする。

Point たねが水っぽくならないように、ほたての缶汁はしっかりきるのがコツ。汁はスープに活用を！

2 ボウルにひき肉を入れてよくねり、**1**、Aを加えてねりまぜる。

3 シューマイの皮に**2**を等分にのせて包んで20個作り、クッキングシートを敷いたせいろに並べる。蒸気の上がったなべで10分ほど蒸し、保存する。弁当箱に詰めるときに、好みでしょうゆ、からしを添える。

Point 皮がくっつくので、せいろ（蒸し器でも）にクッキングシートを敷くといい。

MEMO

1個ずつ使えるようにカップに分け入れて冷凍すると便利。

肉だんごの甘酢がらめ

カリッと揚げてから、甘酢あんをたっぷりからめた
お弁当には欠かせない人気メニュー

材料・4人分

豚ひき肉 ── 300g
ねぎ ── 1/2本
しょうが ── 1かけ

A ┌ とき卵 ── 1/2個分
　│ かたくり粉 ── 大さじ2
　│ ごま油 ── 大さじ1
　│ 塩 ── 小さじ1/2
　└ こしょう ── 少々

B ┌ トマトケチャップ ── 大さじ3
　└ 酢、しょうゆ、砂糖、酒 ── 各大さじ1

かたくり粉、揚げ油 ── 各適量

冷蔵 **3日** 冷凍 **2週間**

作り方

1 ねぎ、しょうがはみじん切りにする。

Point 多めのねぎ、しょうがを加えることで、冷凍しても風味よく仕上がる。

2 ボウルにひき肉を入れてよくねり、**1**、A を加えてねりまぜ、一口大に丸めて20個作る。

3 2にかたくり粉適量をまぶし、170度の油でカラッと揚げ、油をきる。

4 なべにBを合わせてあたため、かたくり粉小さじ2を同量の水でといて加え、ひと煮する。とろみがついたら**3**を加えてからめ、保存する。

Point 肉だんごは外側がカリッとするまでしっかり揚げてから、甘酢あんに加えてからめる。

MEMO

冷凍する場合は1個ずつカップに入れると、くっつかず使いやすい。

お買い得な日にまとめて作りおき
うまみを生かしたごちそうおかず

牛肉がメインのお弁当

牛肉とねぎのすき焼き風弁当

そのまま詰める

レンチンかぼちゃ

作りおきメイン

牛肉とねぎの
すき焼き風 p.71

朝パパッとサブ

きゅうりの
じゃこあえ p.122

牛肉と玉ねぎのマリネ弁当

朝パパッとサブ
にんじん
グラッセ p.126

そのまま詰める

青のり　　レタス

作りおきメイン
牛肉と玉ねぎのマリネ p.73

チンジャオロースー弁当

朝パパッとサブ
キャベツとわかめの
和風サラダ p.122

そのまま詰める

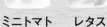

ミニトマト　　レタス

作りおきメイン
チンジャオロースー p.70

チンジャオロースー

野菜たっぷりで、1品でバランス満点！
とろみのあるソースがからんで、冷めてもパサつかない

材料・4人分

牛こまぎれ肉 —— 200g
塩 —— 小さじ1/3
こしょう —— 少々
ピーマン —— 5個
ゆでたけのこ —— 100g
ごま油 —— 大さじ1
A ┌ オイスターソース —— 大さじ1
　├ しょうゆ、みりん、酒
　│ 　—— 各大さじ1/2
　└ 砂糖 —— 小さじ1
かたくり粉 —— 小さじ1

作り方

1 牛肉は細切りにし、塩、こしょうを
振る。ピーマン、たけのこは細切りに
する。

Point 同じ大きさに切りそ
ろえることで、仕上
がりに一体感が出
て、おいしくなる。

2 フライパンにごま油を熱して牛肉
を入れ、色が変わるまでいためたらピー
マン、たけのこを加え、いため合わ
せる。

3 よくまぜたAを加えてからめる。か
たくり粉を水小さじ2でといて加え、
ひと煮してとろみをつけ、保存する。

Point 調味料はあらかじ
めまぜておき、一気
に加えて仕上げる
と、水けが出にくい。

冷蔵 **3**日　冷凍 **2**週間

MEMO

細切りにすればピーマ
ン、たけのこも冷凍可
能です。

牛肉とねぎのすき焼き風

甘辛味の人気おかずは、エリンギを加えて食感をプラス
白ごはんにのせて、牛丼風にするのもおすすめ

材料・4人分

牛切り落とし肉 …… 200g
ねぎ …… 1本
エリンギ …… 1本
サラダ油 …… 小さじ1
A┌ しょうゆ、みりん、酒 …… 各大さじ1.5
　└ 砂糖 …… 小さじ2

冷蔵 **3**日　冷凍 **2**週間

作り方

1 牛肉は食べやすく切る。ねぎは4cm長さに切って縦半分に切り、エリンギはねぎと同じ長さの薄切りにする。

Point ねぎとエリンギは食感が残る切り方にする。大きさをそろえるのもポイント。

2 フライパンにサラダ油を熱して牛肉をいため、ねぎ、エリンギ、Aを加え、強めの中火で煮て、保存する。

Point 弁当箱に詰めるときは網じゃくしですくって菜箸で軽く押さえると、汁けをきりやすい。

MEMO

紅しょうがなど酸味のある副菜をアクセントにするとバランスよし。

韓国風牛肉のつくだ煮

にんにく、しょうが、ごまをきかせて風味豊か
ピリ辛の焼き肉風の味つけで、ごはんがもりもり進む!

材料・6人分

牛切り落とし肉 —— 300g
にんにく、しょうが —— 各1かけ
ごま油 —— 小さじ2
A ┌ 赤とうがらし —— 1本
  │ しょうゆ —— 大さじ2
  └ 砂糖 —— 大さじ1
すり白ごま —— 大さじ2

冷蔵 **5日**　冷凍 **2週間**

作り方

1 牛肉は細切りにする。にんにくとしょうがは太めのせん切りにする。

Point 切り落とし肉はそのままでは大きいこともあるので、食べやすく細切りにする。

Point 香味野菜は牛肉となじむように太めのせん切りにする。みじん切りより、香りがやややマイルドに。

2 フライパンににんにくとしょうが、ごま油を入れて火にかけ、香りが立ったら牛肉を加えていためる。

3 肉の色が変わったらAを加えていため煮にする。汁けがほぼなくなったら仕上げにごまを加え、保存する。

MEMO

野菜のナムルとごはんにのせ、ビビンバ風にするのもおすすめです。

牛肉とたけのこのみそ煮

コリッとたけのこの歯ざわりが楽しいおかず

冷蔵 **3**日　冷凍 **2**週間

材料・4人分

牛肉切り落とし肉
　　…… 200g
ゆでたけのこ …… 200g
しょうが …… 1かけ

A ┌ 酒 …… 大さじ3
　├ みそ、砂糖、しょうゆ
　└ 　　各大さじ1

作り方

1 牛肉は食べやすい大きさに切る。たけのこは一口大に切り、しょうがは太めのせん切りにする。

2 フライパンに油を引かずに牛肉を入れ、さっといためる。水1カップ、たけのこ、しょうが、Aを加えて落としぶたをし、弱火で5分ほど煮て、保存する。

牛肉と玉ねぎのマリネ

ごはんはもちろん、パンにはさんでもおいしい

冷蔵 **3**日　冷凍 **2**週間

材料・6人分

牛肉切り落とし肉
　　…… 300g
塩、こしょう …… 各少々
玉ねぎ …… 1個
オリーブ油 …… 小さじ2

A ┌ 酢、しょうゆ
　│ 　　…… 各大さじ3
　├ おろしにんにく、塩、
　│ こしょう
　└ 　　…… 各少々

作り方

1 牛肉は食べやすく切る。玉ねぎは薄切りにして塩（分量外）を振り、軽くもむ。水分が出てきたらしっかりしぼる。Aを合わせて保存容器に入れる。

2 牛肉に塩、こしょうを振り、オリーブ油を熱したフライパンでいため、火が通ったら熱いうちにAに漬ける。玉ねぎを加えてあえ、保存する。

香ばしさやコクをプラスすると冷めてもおいしいおかずに！
魚介がメインのお弁当

ぶりの竜田揚げ弁当

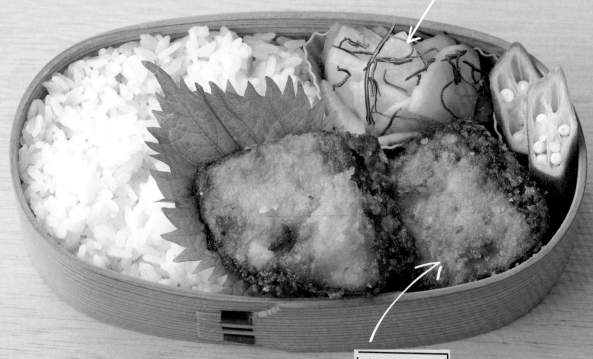

朝パパッとサブ
大根の納豆こぶ漬け p.122

作りおきメイン
ぶりの竜田揚げ p.79

そのまま詰める

青じそ　ゆでオクラ

えびのケチャップいため弁当

朝パパッとサブ
青のりとチーズの
卵焼き p.133

作りおきメイン
えびのケチャップいため p.80

そのまま詰める

野菜のピリ辛漬け　レタス

めかじきのマヨパン粉焼き弁当

朝パパッとサブ
かぼちゃの
ケチャップ焼き p.131

そのまま詰める

赤じそ
ふりかけ　レタス

作りおきメイン
めかじきのマヨパン粉焼き
p.78

鮭のごまみそ焼き

生鮭が安いときにまとめて作りおき！
ごま&みそのコクと香ばしさで、冷めてもおいしい

材料・4人分

生鮭 …… 4切れ

A ┌ みそ、みりん …… 各大さじ1
　└ すり白ごま …… 小さじ1

冷蔵 **3**日　冷凍 **2**週間

作り方

1 鮭は2〜3等分に切る。

2 Aをよくまぜて**1**の片面に塗り、魚焼きグリルで焼く。途中で焦げそうになったらアルミホイルをかぶせ、中まで火を通す。

Point すりごまはコクがあり、キメがこまかいので、たれにとろみをつける効果もある。

Point 合わせみそは片面だけに塗って焼く。香ばしく焼き色がつき、中まで火が通ればOK。

3 適当な大きさに切ったクッキングシートで1切れずつはさみ、保存する。

MEMO
グリルが両面式でない場合は、途中でひっくり返し、両面を焼いて。

鮭の南蛮漬け

揚げたてをじゅっと漬け込むのがポイント
濃いめの味がよくしみ込んで、ごはんが進むおかずに

材料・4人分

生鮭——4切れ
塩、こしょう——各少々
玉ねぎ——1/4個
にんじん——20g
ピーマン——1個
薄力粉、揚げ油——各適量

A
┌ だし、しょうゆ——各大さじ3
│ 酢——大さじ5
│ 砂糖——大さじ1.5
└ 赤とうがらし——1本

冷蔵 **3**日
冷凍 **2**週間

作り方

1 鮭は2〜3等分に切り、塩、こしょうを振る。

2 玉ねぎは薄切り、にんじん、ピーマンは細切りにする。Aは合わせておく。

Point 野菜は同じくらいの長さ、太さに切りそろえると、仕上がりがきれいで口当たりもよい。

3 **1**に薄力粉をまぶし、170度の油でカラッと揚げ、油をきって熱いうちにAに漬ける。**2**の野菜も加えてしばらくおいて冷ます。

Point 鮭は揚がった順に漬け汁に漬けると、味がしっかりしみ込みやすい。

4 野菜がしんなりしたらさっとまぜ、保存する。

MEMO

冷蔵保存中は、ときどき上下を返すと味がムラなくしみ込みます。

めかじきのマヨパン粉焼き

マヨをからめて揚げ焼きするだけ！
サクッと香ばしいフライは、もう1品にもうれしいおかず

材料・4人分

めかじき ── 4切れ
塩、こしょう ── 各少々
A [マヨネーズ ── 大さじ1
　 マスタード ── 小さじ1]
パン粉 ── 適量
オリーブ油 ── 大さじ4

冷蔵 **3**日　冷凍 **2**週間

作り方

1 めかじきは2cm幅の棒状に切り、塩、こしょうを振る。

2 Aをよくまぜ、**1**を加えてからめる。

Point　マヨネーズとマスタードをまんべんなくからめて、パサつきを防止。

3 パン粉を広げたバットに**2**を入れ、軽く押さえるようにしてまぶしつける。

Point　パン粉をまぶしたら、手で軽く押しつけるようにして密着させる。

4 オリーブ油を熱したフライパンで揚げ焼きにし、油をきって、保存する。

MEMO

魚はマヨネーズなど味のしっかりした衣でコーティングすると、パサつきやくさみをおさえられます。

ぶりの竜田揚げ

ねぎとしょうがで下味をつけて食べやすく

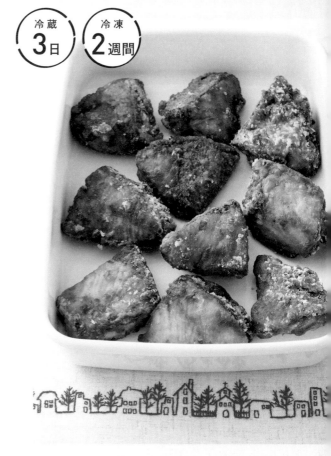

冷蔵 **3**日
冷凍 **2**週間

材料・4人分

ぶり —— 4切れ
塩 —— 少々
ねぎ —— 1/4本
しょうが —— 1かけ
A ┌ しょうゆ、みりん
　 │ 　 —— 各大さじ2
　 └ 酒 —— 大さじ1
かたくり粉、揚げ油
　 —— 各適量

作り方

1 ぶりは2～3等分に切り、塩を振る。

2 ねぎ、しょうがはみじん切りにしてAとまぜ、**1**を入れて15分ほど漬ける。

3 **2**の汁けをきってかたくり粉をまぶし、170度の油でカラッと揚げ、油をきって、保存する。

さばのみそそぼろ

ごはんにおにぎりに大活躍まちがいなし！

冷蔵 **3**日
冷凍 **2**週間

材料・作りやすい分量

さば(半身) —— 2枚
しょうがのみじん切り
　 —— 1かけ分
サラダ油 —— 小さじ1
A ┌ 酒 —— 大さじ2
　 │ しょうゆ、みりん
　 │ 　 —— 各大さじ1
　 │ みそ —— 小さじ2
　 └ 砂糖 —— 小さじ1

作り方

1 さばはスプーンで身をほぐしながらこそげとる。骨が入らないように注意する。

2 フライパンにサラダ油、しょうがを入れて熱し、香りが立ったら**1**を加えていためる。

3 余分な脂をキッチンペーパーでふきとり、よくまぜたAを加えて煮からめ、保存する。

＊この量でそぼろごはんなら4回分くらいです。

えびのケチャップいため

甘ずっぱくて子どもも喜ぶ、えびチリ風おかず
シャキシャキのねぎで食感に変化をつけて

材料・6人分

むきえび —— 250g
塩、こしょう —— 各少々
酒 —— 小さじ2
ねぎ —— 1本
しょうが —— 1/2かけ
ごま油 —— 小さじ2
A ┌ トマトケチャップ —— 大さじ2
  │ しょうゆ、砂糖 —— 各小さじ1
  └ 酒 —— 小さじ2

冷蔵 **3**日 冷凍 **2**週間

作り方

1 えびは背わたをとり除いて塩、こしょう、酒を振る。

Point えびは塩で軽く味をつけ、えびのにおいを消す効果のあるこしょう、酒をからめる。

2 ねぎは1cm長さに切る。しょうがはみじん切りにする。

Point ねぎは厚めに切る。歯ざわりがアクセントになるだけでなく、かさが増すのでボリュームもアップ。

3 フライパンにごま油としょうがを入れて熱し、香りが立ったら1とねぎを加えていためる。えびの色が変わったら、よくまぜたAを加えて煮からめ、保存する。

MEMO
とろみのあるケチャップソースで、時間がたってもパサつきなし！

いかのしょうが焼き

しょうがとごま油の風味でしっかり味に

材料・4人分

いか —— 2はい
ししとうがらし —— 12本
ごま油 —— 大さじ1
A ┌ しょうが汁
　　　 —— 小さじ2
　├ しょうゆ、みりん
　　　 —— 各大さじ2

作り方

1 いかは足を内臓ごと切り離し、薄皮をむいて1.5cm厚さの輪切りにする。足は内臓とからす口をとって、食べやすい大きさに切る。

2 ししとうは竹ぐしで刺して数カ所穴をあける。

3 フライパンにごま油を熱して**1**を焼き、火が通ってきたら**2**を加えていため合わせる。Aを回し入れて煮からめ、保存する。

冷蔵 **3**日　冷凍 **2**週間

ほたての照り焼き

とろみのある甘辛だれでうまみを閉じ込める

材料・4人分

ほたて貝柱 —— 12個
サラダ油 —— 大さじ1/2
A ┌ しょうゆ、みりん、酒
　　　 —— 各大さじ2
　└ 砂糖 —— 小さじ2
かたくり粉 —— 小さじ1/2

作り方

1 フライパンにサラダ油を熱してほたてを並べ、両面に焼き色がつくまで焼く。

2 Aをよくまぜて加える。煮立ったらかたくり粉と水小さじ1/2をよくまぜて加え、ひと煮してとろみをつけ、保存する。

冷蔵 **3**日　冷凍 **2**週間

作っておくと頼もしい！
野菜たっぷりで食べごたえじゅうぶん

ボリューム副菜のお弁当

お手軽フライドチキン
＋ラタトゥイユ弁当

| そのまま詰める |
枝豆

| 作りおきサブ |
ラタトゥイユ
p.84

| 朝パパッとメイン |
お手軽フライドチキン
p.111

豚肉こま de トンテキ + マカロニサラダ弁当

作りおきサブ
マカロニサラダ
p.86

そのまま詰める

レタス

鮭フレーク

朝パパッとメイン
豚こま de トンテキ p.106

豚肉のみそハンバーグ
+ 根菜とさつま揚げの煮物弁当

作りおきサブ
根菜とさつま揚げの
煮物
p.87

そのまま詰める

青じそ

こぶの佃煮

朝パパッとメイン
豚肉のみそハンバーグ p.113

ラタトゥイユ

冷めてもおいしい洋風煮物の代表格！
トマトを少なめにすると水分が出にくく、お弁当向きに

材料・4人分

トマト ── 1個
黄パプリカ ── 1/2個
ねぎ ── 1/2本
生しいたけ ── 4個
なす ── 1個
にんにく ── 1かけ
オリーブ油 ── 大さじ1
ローリエ ── 1枚
A ┌ 塩 ── 小さじ1/2
　└ こしょう、しょうゆ ── 各少々

冷蔵 **3**日　冷凍 **2**週間

作り方

1 トマトは横半分に切って種をとり除き、ざく切りにする。にんにくはみじん切りにする。

2 パプリカは1.5cm角、ねぎは1.5cm長さに切り、しいたけは石づきを落として縦4等分に切り、なすは1.5cm角に切る。

Point 野菜はすべて同じくらいの大きさに切りそろえると、仕上がりがきれいになる。

3 なべにオリーブ油、にんにくを入れて熱し、香りが立ったら**2**を加えていためる。しんなりしてきたらトマト、ローリエを加えてふたをし、弱火で10分ほど煮る。**A**で味をととのえ、保存する。

MEMO
時間とともに汁けが出てくるので、よくきってから詰めましょう。

いろいろピクルス

箸休めにぴったり！ 彩りアップにもなるお助け副菜
季節の野菜をあれこれ漬けて楽しもう

材料・作りやすい分量

きゅうり ── 1本
赤パプリカ ── 1個
うずらの卵（水煮） ── 8個

A ┌ 酢 ── 1/2カップ
  │ 水 ── 3/4カップ
  │ 砂糖 ── 大さじ2
  │ 塩 ── 小さじ1
  │ 粒黒こしょう ── 小さじ1/2
  │ にんにくの薄切り ── 1かけ分
  │ 赤とうがらし ── 1本
  └ ローリエ ── 1枚

作り方

1 きゅうりは縦に4つ割りにし、4cm
長さに切る。パプリカは縦に1.5cm
幅に切る。

2 Aは合わせてひと煮立ちさせ、火を
止めて冷ます。

3 1は熱湯にくぐらせて湯通しし、水
けをきる。

Point 湯通しには殺菌と、味をしみ込みやすくする効果がある。

4 ジッパーつき保存袋に2と3、うず
らの卵を入れて漬け、保存する。

Point 漬け込みにはジッパーつき保存袋が便利。余分な空気を抜いて口を閉じると、まんべんなく漬かりやすい。保存容器やびんの場合は消毒してから漬ける。

冷蔵
1カ月

┌─────────────────┐
│ **MEMO** │
│ │
│ 大根、かぶ、カリフラワー、 │
│ ズッキーニ、セロリなど │
│ 好みの野菜でアレンジを。 │
└─────────────────┘

マカロニサラダ

ボリュームアップに助かる人気おかず
余分な水けをしっかり除くのが、おいしさの秘訣

冷蔵 **3**日
冷凍 **2**週間

材料・作りやすい分量

キャベツ —— 100g
きゅうり —— 1本
ハム —— 2枚
マカロニ —— 100g
塩 —— 適量

A
- マヨネーズ、プレーンヨーグルト、オリーブ油 —— 各大さじ1
- マスタード、酢 —— 各小さじ1
- 塩 —— 小さじ1/4
- こしょう —— 少々

作り方

1 キャベツは細切り、きゅうりは小口切りにする。合わせて塩（重量の2％）を振ってもみ、10分ほどおいてから水けをしっかりとしぼる。

Point ポリ袋に入れて塩もみをし、そのまま水けをぎゅっとしぼると手が汚れにくい。

2 マカロニは塩（水1Lに対し塩小さじ2の割合）を加えた熱湯で、袋の表示時間どおりにゆでる。冷水にとって冷まし、ざるに上げてしっかりと水けをきる。

Point 仕上げにキッチンペーパーで押さえて水けをしっかりとると、味がよくなじむ。

3 ハムは半分に切ってから、5mm幅に切る。

4 1、2、3をAであえ、保存する。

MEMO

マヨネーズにヨーグルトやマスタードを合わせると、コクがありつつもさっぱりとしたあと味に仕上がります。

根菜とさつま揚げの煮物

さつま揚げからだしが出て、滋味深い味に

冷蔵 **3**日　冷凍 **2**週間

材料・6人分

さつま揚げ —— 4枚
ごぼう —— 1/2本
れんこん —— 60g
にんじん —— 1/3本
大根 —— 100g
A ┌ だし —— 2カップ
　│ 薄口しょうゆ、みりん
　└ 　　　各大さじ1.5

作り方

1 さつま揚げは一口大に切り、ごぼうは皮をこそげて小さめの乱切りにする。れんこん、にんじん、大根は2cm角に切る。ごぼうはさっと水にさらし、水けをきる。

2 なべに**1**、Aを入れて落としぶたをし、強火でひと煮立ちさせる。弱火にして20分ほど煮含め、保存する。

にんじんのフライ

蒸して甘みを引き出し、カラッと揚げて香ばしく

冷蔵 **3**日　冷凍 **2**週間

材料・2人分

にんじん —— 1本
塩 —— 小さじ1/2
薄力粉、とき卵、パン粉、
　　揚げ油 —— 各適量

作り方

1 にんじんは長さを半分に切り、太いほうは縦6〜8等分、細いほうは縦4等分に切る。塩をこすりつけ、蒸気の上がった蒸し器で5分ほど蒸してざるに広げ、あら熱をとる。

2 薄力粉、とき卵、パン粉の順に衣をつける。170度の油で揚げて油をきり、保存する。

＊弁当箱に詰めるときに、好みでソースを添えても。

野菜の揚げびたし

色とりどりの野菜を素揚げして漬けるだけ
時間とともに味がしみるので冷蔵保存がおすすめ

材料・4人分

かぼちゃ —— 小1/10個（約100g）
れんこん —— 100g
にんじん —— 1/3本
玉ねぎ —— 1/4個
揚げ油 —— 適量

A ┌ だし —— 1カップ
  │ しょうゆ、みりん —— 各大さじ1.5
  │ 酒 —— 大さじ1
  │ 塩 —— 少々
  │ しょうが汁 —— 小さじ1/2
  └ 赤とうがらし —— 1本

冷蔵 **3**日　冷凍 **2**週間

作り方

1 かぼちゃ、れんこん、にんじんは1
cm厚さの一口大に切る。玉ねぎも同
じくらいの大きさのざく切りにする。

2 なべにAを合わせてひと煮し、保
存容器に入れる。

Point
漬け汁に入れるしょ
うがと赤とうがらし
には、味を引き締め、
日もちをよくする効
果がある。

3 1を170度の油で順に揚げる。油
をざっときって熱いうちに2に漬け、
保存する。

Point
野菜は網じゃくしで
油をきり、熱いうち
に漬けると味がし
み込みやすい。

MEMO

なす、ピーマン、オクラ、
いんげんなどもおすすめ。
旬の野菜で作ってみて。

切り干し大根の煮つけ

だしの味にほっとする、乾物おかずの定番

冷蔵 **3**日 / 冷凍 **2**週間

材料・6人分

切り干し大根 —— 40g
にんじん —— 1/4本
油揚げ —— 1枚
A ┌ だし —— 2カップ
　├ しょうゆ、みりん
　└ 　　各大さじ2

作り方

1 切り干し大根はたっぷりの水でやわらかくもどし、水けをしぼる。

2 にんじんは細切り、油揚げは熱湯をかけて油抜きし、細切りにする。

3 なべに**1**、**2**、Aを入れて落としぶたをする。強火にかけて煮立て、弱火にして煮汁がほぼなくなるまで煮詰め、保存する。

五目豆

栄養バランスばっちりのヘルシーサブおかず

冷蔵 **3**日 / 冷凍 **2**週間

材料・6人分

大豆（水煮）—— 正味120g
こぶ —— 10cm四方1枚
干ししいたけ —— 2個
ごぼう —— 1/4本
にんじん —— 1/4本
A ┌ しょうゆ、みりん
　└ 　　各大さじ2

作り方

1 こぶとしいたけはそれぞれ水でもどす。こぶは1cm四方に切り、もどし汁は3/4カップとっておく。しいたけも1cm角に切り、もどし汁は1/2カップとっておく。

2 ごぼうは皮をこそげて縦半分に切り、1cm厚さに切って水にさらす。にんじんは1cm角に切る。

3 なべに**1**、**2**、大豆、Aを入れ、落としぶたをする。強火で煮立て、弱火で煮汁がなくなるまで煮て、保存する。

彩りのバランスをととのえて
味のアクセントにもなる名わき役

差し色副菜のお弁当

ランチョンミートエッグ
＋にんじんのみそ漬け弁当

| 朝パパッとメイン |
ランチョンミートエッグ p.119

| そのまま詰める |
ゆでブロッコリー

| 作りおきサブ | にんじんのみそ漬け p.98

鮭のゆずこしょうバター焼き
＋いんげんののりチーズ巻き弁当

そのまま詰める

レンチン
かぼちゃ

朝パパッとメイン

鮭のゆずこしょうバター焼き p.116

作りおきサブ

いんげんの
のりチーズ巻き p.92

牛薄切りの重ねステーキ
＋キドニービーンズのサラダ弁当

朝パパッとメイン

牛薄切りの
重ねステーキ p.114

そのまま詰める

ゆでオクラ

レタス

作りおきサブ

キドニービーンズ
のサラダ p.95

冷蔵 **3**日　冷凍 **1〜2**週間

ブロッコリーの
ごまあえ

甘みをつけておくと時間がたってもおいしい

材料・6人分
ブロッコリー —— 1個
塩 —— 少々
A ┌ すり白ごま
　　　—— 大さじ2
　├ しょうゆ —— 大さじ1
　└ 砂糖 —— 小さじ2

作り方
1 ブロッコリーは小房に切り分け、塩を加えた熱湯で2分ほどゆでる。ざるに上げ、水けをよくきって冷ます。
2 ボウルにAを入れてよくまぜる。**1**を加えてあえ、保存する。

冷蔵 **3**日　冷凍 **1〜2**週間

いんげんの
のりチーズ巻き

のりが湿りやすいので、冷凍のほうがおすすめ

材料・6人分
さやいんげん —— 18本
スライスチーズ —— 6枚
韓国のり —— 12枚
塩 —— 少々

作り方
1 いんげんは塩を加えた熱湯でさっとゆで、ざるに広げて冷まし、へたを切り落とす。
2 チーズ1枚にのり2枚を並べ、いんげん3本をのせて巻く。6個作り、しばらくおいてなじませる。3等分に切り、保存する。

冷蔵
3日

冷凍
1〜2
週間

ピーマンおかか

ごはんによく合う、飽きない味つけ

材料・6人分

ピーマン —— 5個
塩 —— 少々

A ┌ ごま油、しょうゆ
　 —— 各小さじ2
　 かつお節
　 └ —— 1パック(5g)

作り方

1 ピーマンは半分に切ってへたと種をとり除き、横に1cm幅に切る。塩を加えた熱湯でさっとゆで、ざるに広げてあら熱をとる。

2 ボウルに**1**を入れてAであえ、保存する。

冷蔵
3日

冷凍
2週間

焼きアスパラガスの
おひたし

ゆでずに焼いてからひたし、香ばしさをプラス

材料・4人分

グリーンアスパラガス
　—— 8本
めんつゆ(ストレートタイプ)
　—— 1/2カップ
赤とうがらし —— 1本

作り方

1 アスパラは筋とはかまをとり除き、魚焼きグリルかオーブントースターで全体に焼き色がつくまで焼く。

2 あたたかいうちに保存容器に入れ、めんつゆと赤とうがらしを加え、保存する。

＊弁当箱に詰めるときに食べやすく切る。

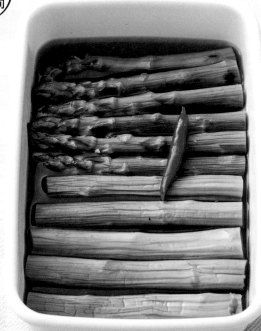

冷蔵 **3**日　冷凍 **1～2**週間

スナップえんどうの
じゃこいため

下ゆでせず、さっといためて歯ざわりを生かす

材料・6人分
スナップえんどう
　── 200g
ちりめんじゃこ
　── 大さじ2
ごま油 ── 小さじ1
しょうゆ ── 小さじ2

作り方
1 スナップえんどうはへたと筋をとり、斜め半分に切る。
2 フライパンにごま油を熱し、じゃこと**1**をさっといため、しょうゆをからめて、保存する。

> **MEMO**
> スナップえんどうを絹さやにかえてもOK。

チンゲンサイの
オイル蒸し

にんにく&とうがらしの風味が食欲をそそる

材料・4人分
チンゲンサイ ── 3株
にんにく ── 1かけ
赤とうがらしの小口切り
　── ひとつまみ
塩 ── 小さじ2/3
こしょう ── 少々
オリーブ油（ごま油でも）
　── 大さじ1

作り方
1 チンゲンサイは3cm長さに切り、にんにくは薄切りにする。
2 厚手のなべに**1**、赤とうがらしを入れ、塩、こしょうを振り、オリーブ油を回しかけてふたをする。火にかけ3分蒸し煮にして、保存する。

冷蔵 **3**日　冷凍 **2**週間

冷蔵 **3**日 ・ 冷凍 **1〜2**週間

キドニービーンズの サラダ

玉ねぎのシャキシャキ食感がアクセント

材料・6人分
キドニービンズ（水煮）
　　── 正味200g
玉ねぎ ── 1/2個
塩── 小さじ1/4
A ┌ オリーブ油、
　│ レモン汁
　│　── 各大さじ1
　│ パセリのみじん切り
　│　── 小さじ1/2
　│ 塩、こしょう
　└　── 各少々

＊パセリは、あればドライパセリでも便利です。

作り方
1 玉ねぎはみじん切りにし、塩を振ってまぶし、水けが出てきたらしっかりしぼる。
2 キドニービーンズは缶汁をきってボウルに入れる。**1**、Aを加えてあえ、保存する。

冷蔵 **3**日 ・ 冷凍 **2**週間

パプリカの カレーマリネ

焼いて皮をむいたパプリカは、口当たりなめらか

材料・6人分
赤パプリカ ── 2個
A ┌ オリーブ油 ── 大さじ2
　│ レモン汁 ── 大さじ1
　│ カレー粉、塩
　│　── 各小さじ1/2
　└ こしょう ── 少々

作り方
1 パプリカは縦4等分に切ってへたと種をとり除き、魚焼きグリルでこんがり焼く。焦げた薄皮をむき、1cm幅に切る。
2 **1**をボウルに入れてAを加え、よくあえて、保存する。

冷蔵 **3**日 / 冷凍 **1〜2**週間

ラディッシュと かにかまのあえ物

ゆずの果汁ですっきり、酢の物風に仕上げて

材料・6人分

ラディッシュ —— 20個
塩 —— 小さじ1/3
かに風味かまぼこ
—— 7本（約70g）
A ┌ ゆずのしぼり汁
　 —— 小さじ2
　 └ 薄口しょうゆ —— 少々
＊ラディッシュは大根やかぶ、
ゆずはレモンでもOK。

作り方

1 ラディッシュは葉と茎を落として薄い輪切りにする。塩を振って軽くもみ、水けが出てきたらしっかりしぼる。

2 かにかまは2cm長さに切ってほぐし、ボウルに入れる。**1**、Aを加えてあえ、保存する。

冷蔵 **3**日

じゃがいもの ゆかりあえ

1日おくと全体がピンク色に染まります

材料・6人分

じゃがいも
—— 大1個（約200g）
A ┌ サラダ油 —— 大さじ1
　 │ 赤じそふりかけ
　 │ —— 小さじ2
　 └ 塩 —— 少々

作り方

1 じゃがいもは7〜8mm角の棒状に切り、熱湯で1分ほどゆでてざるに上げ、広げて水けをとばしながら冷ます。

2 ボウルにAを合わせてまぜ、**1**を加えてあえ、保存する。

冷蔵 **3**日 ／ 冷凍 **2**週間

タラモサラダ

明太マヨ味で、サンドイッチの具にも活躍！

材料・4人分
じゃがいも
—— 大1個（約200g）
明太子 —— 1本
マヨネーズ —— 大さじ2

作り方

1 じゃがいもは一口大に切って耐熱皿に並べ、ラップをかけて電子レンジ（600W）で4分加熱する。

2 1を熱いうちにボウルに入れてつぶす。薄皮をとった明太子とマヨネーズを加えてあえ、保存する。

ミニトマトの
シロップ漬け

フレッシュミントのさわやかな香りがポイント

材料・5人分
ミニトマト —— 20個
砂糖 —— 大さじ6
ミントの葉（フレッシュ）
—— 10枚

作り方

1 ミニトマトはへたをとり、ざるに入れて熱湯にくぐらせ、冷水にとって皮をむく。水けをきって保存容器に入れる。

2 なべに砂糖と水1カップを入れて煮立て、1に注ぎ、冷ます。

3 ミントを加え、保存する。

冷蔵 **5**日

冷蔵 **5**日　冷凍 **2**週間

にんじんの みそ漬け

甘めのみそ床に、切ったにんじんを漬けるだけ！

材料・6人分

にんじん —— 1本

A ┌ みそ —— 大さじ1.5
　├ みりん —— 大さじ1
　└ 砂糖 —— 小さじ1

作り方

1 にんじんは5cm長さの拍子木切りにする。

2 ボウルにAを入れてよくまぜ、**1**を加えてしっかりからめ、保存する。

3 冷蔵室で1日以上漬けてから食べ始める。

＊日にちがたつとにんじんの水分が出てくるので、汁けをきってから弁当箱に詰めます。

冷蔵 **3**日　冷凍 **1〜2**週間

黄パプリカの きんぴら

鮮やかな黄色でお弁当がパッと華やぐ

材料・6人分

黄パプリカ —— 2個

赤とうがらしの小口切り —— ひとつまみ

ごま油 —— 小さじ2

A ┌ しょうゆ、みりん
　└ —— 各小さじ2

作り方

1 パプリカは縦4等分に切って、へたと種をとり除き、横に5mm幅に切る。

2 フライパンにごま油と赤とうがらしを入れて熱し、**1**を加えていためる。Aを加えてからめ、保存する。

冷蔵 **3**日 冷凍 **1～2**週間

かぼちゃの茶巾しぼり

シナモンとバターの風味でおやつ風に

材料・8人分
かぼちゃ
　── 小1/5個（200g）
A ┌ 砂糖 ── 大さじ3
　├ バター ── 20g
　├ シナモンパウダー
　└ ── 少々

作り方
1 かぼちゃは皮をむかずに一口大に切り、耐熱皿に並べてラップをかけ、電子レンジ（600W）で3分加熱する。熱いうちにボウルに移してなめらかにつぶし、Aを加えてよくまぜる。
2 8等分して1つずつラップで包み、ギュッとひねり、冷めるまでおいて落ち着かせる。ラップをはずして、保存する。

冷蔵 **3**日 冷凍 **1～2**週間

大学いも

ふだんのおやつにも助かる作りおき

材料・6人分
さつまいも
　── 1本（約200g）
揚げ油 ── 適量
A ┌ 砂糖 ── 大さじ3
　├ みりん ── 大さじ2
　└ 塩 ── 少々

作り方
1 さつまいもは皮をむかずに1.5cm角で6～7cm長さの拍子木切りにする。170度の油で揚げ、油をきる。
2 なべにAを合わせてひと煮立ちさせる。1を加えてからめ、保存する。

冷蔵 3日　冷凍 2週間

ひじきの しょうが煮

おなじみのひじき煮が、しょうが風味でキリリ

材料・6人分
芽ひじき（乾燥）── 10g
しょうが ── 10g
A ┌ だし ── 1.5カップ
　│ しょうゆ
　│ ── 大さじ1.5
　│ みりん ── 大さじ1
　└ 砂糖 ── 小さじ2

作り方
1 芽ひじきはたっぷりの水に10分ほどひたしてもどし、水けをしっかりしぼる。
2 しょうがはみじん切りにしてなべに入れ、1、Aを加えて落としぶたをする。強火にかけて煮立ったら、弱火で煮る。煮汁がほぼなくなるまで煮詰めたら、保存する。

きのこの うまみいため

アンチョビーのうまみで濃厚な味わいに

材料・6人分
生しいたけ ── 4個
しめじ ── 1パック
エリンギ ── 1本
アンチョビーフィレ
　── 1枚
にんにく ── 1かけ
オリーブ油 ── 大さじ2
しょうゆ ── 小さじ1
こしょう ── 少々

作り方
1 しいたけは石づきを落として軸ごと4等分に切り、しめじはほぐす。エリンギは縦4等分に切ってから2cm厚さに切る。アンチョビー、にんにくはそれぞれみじん切りにする。
2 フライパンにアンチョビー、にんにく、オリーブ油を入れて弱火にかけ、香りが立ったらきのこを加えていため合わせる。しょうゆ、こしょうで味をととのえ、保存する。

冷蔵 3日　冷凍 2週間

冷蔵 5日

しいたけと こんにゃくのピリ辛煮

下ゆで&いる、少しの手間でおいしさが格段にアップ

材料・6人分

生しいたけ —— 6個
こんにゃく —— 1枚
ごま油 —— 大さじ1
赤とうがらしの小口切り
　　　—— ひとつまみ
A ┌ しょうゆ —— 大さじ2
　├ みりん、酒
　│　　—— 各大さじ1
　└ 砂糖 —— 小さじ1

作り方

1 しいたけは石づきを落として縦4等分に切る。こんにゃくは食べやすい大きさに手でちぎり、さっとゆでて水けをきる。

2 熱したフライパンでこんにゃくをプリプリになるまでいりつけ、ごま油、赤とうがらし、しいたけを加えていため合わせる。水1/2カップとAを加え、煮汁がほぼなくなるまで中火で5分ほど煮て、保存する。

きんとき豆の甘煮

缶詰を使えば簡単！ ほどよい甘みがうれしい

材料・6人分

きんとき豆（水煮）
　　—— 正味150g
A ┌ 砂糖 —— 大さじ3
　├ 薄口しょうゆ
　│　　—— 小さじ1/2
　└ 塩 —— 少々

作り方

1 なべにきんとき豆、水3/4カップ、Aを入れて落としぶたをし、中火で10分ほど煮る。

2 煮汁がほぼなくなるまで煮て、保存する。

冷蔵 5日　冷凍 2週間

101

Part 3

5分、10分ですぐでき！
朝パパッとおかず

　「朝パパッとメイン」は、豚肉、鶏肉、ひき肉、牛肉、魚介と、それらもないときに助かる加工品を使って、簡単に作れるお助けおかず。冷蔵庫にあるものを工夫すれば、立派なメインに昇格します。
　「朝パパッとサブ」は、たとえばメインをフライパンで作るときはサブはポリ袋や電子レンジで作れるように、調理法別に選べます。どちらも忙しい朝に、時短調理テクで5分、10分で完成します！

| 朝パパッとメイン |

| 朝パパッとサブ |

朝パパッとメインの 時短アイデア 8

忙しい朝は「手をかけない」をモットーに、火の通りが早い肉や魚介、
加熱ずみの加工品を使いましょう！　見ばえよりおいしさ重視です。

1 カットずみの肉を使う

豚こま＆鶏ももカット肉をヘビロテ
豚肉はこまぎれ、鶏もも肉はから揚げ用のぶつ切りを使うのがラク！　生の肉を包丁で切らなくていいだけで、調理と洗い物の手間が半減します。

2 下処理ずみの魚介を使う

切り身魚、蒸しだこ、むきえびが便利
魚介は、生鮭やかじき、たらなどの切り身、蒸しだこ、むきえびなどをゲットしましょう。下処理いらずで手早く調理できて、立派なメインになります。

3 便利な加工品に頼る

ねり製品や大豆製品を常備しよう
さつま揚げ、魚肉ソーセージ、厚揚げ、ランチョンミートはお弁当におすすめの加工品の4強！　忙しい週は、メイン用に買いおきしておくと助かります。

4 味変え調味料をスタンバイ

そろえておけば味のマンネリ解消！
七味とうがらし、カレー粉、ゆずこしょう・しょうがチューブ、粉チーズなど。これらの調味料を加えると香りやコクが増し、食欲アップにも貢献します。

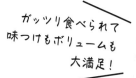

ガッツリ食べられて
味つけもボリュームも
大満足!

5 ピーマンは手でちぎる

気にならなければ種やわたも栄養豊富
野菜を切るのも面倒なとき、ピーマンなら手でちぎれます。ちぎるほうが火が通りやすいし、種やわたも食べられるのでざっくりとり除く程度でOK。

6 冷凍カット野菜を活用

野菜不足、彩り不足の解消になる
「肉や魚といっしょに野菜も焼きたい」というとき、さっと加えられるのが冷凍野菜。ほうれんそうも、ゆでたり、切ったりしなくていいからラク。

7 ハンバーグの形は適当

手で丸めなくてもおいしさは同じ
肉だねをへらなどで押さえながら、なんとなく丸い形になるように広げて焼きましょう。火が通ればいいくらいの気楽な感じでだいじょうぶ!

8 卵焼き器で揚げ焼き

1人分の肉を少ない油でカリッと
揚げ焼きにするときは、卵焼き器がお役立ち。 1人分100gくらいの肉や魚介にちょうどいいサイズで、油を節約しながらカリッと火を通せます。

厚切り肉よりサクッとかみ切りやすい

豚こま de トンテキ

調理時間 **8分**

材料・1人分

豚こまぎれ肉 ── 100g
塩、こしょう ── 各少々
小麦粉 ── 小さじ2
サラダ油 ── 小さじ2
A ┌ ウスターソース ── 大さじ1/2
  │ トマトケチャップ、しょうゆ ── 各小さじ1
  └ みりん ── 小さじ2

作り方

1 豚肉は塩、こしょうを振り、だいたい小判形にまとめ、小麦粉を振ってまぶす。

2 フライパンにサラダ油を熱し、**1**を焼く。片面を3分ほどこんがりと焼いて返し、さらに3分ほど焼く。合わせた**A**を加えてからめる。

POINT
豚肉は2〜3つに分けて、小さく作ってもOK。表面が焼き固まるまで、箸でいじらないのがコツ。

合わせ調味料で、本格中華の味になる!

包丁いらずのホイコーロー

調理時間 **6分**

材料・1人分

豚こまぎれ肉 ── 100g
塩、こしょう ── 各少々
ピーマン ── 2個
ごま油 ── 小さじ1
A ┌ オイスターソース、みりん ── 各小さじ1
  └ しょうゆ、テンメンジャン* ── 各小さじ1/2
*テンメンジャンがない場合は、みそ・砂糖
　各小さじ1/2で代用OK。

作り方

1 豚肉は塩、こしょうを振る。ピーマンは食べやすくちぎる。

2 フライパンにごま油を熱し、豚肉をいためる。こんがりと火が通ってきたら、ピーマンを加えてさっといため、合わせた**A**を加えてからめる。

食欲をそそる！にんにく風味の甘辛味

豚肉のコチュジャンいため

調理時間 **6分**

材料・1人分
豚こまぎれ肉 —— 100g
塩、こしょう —— 各少々
玉ねぎ —— 1/4個
ごま油 —— 小さじ2
A ┌ コチュジャン、みりん —— 各小さじ1
  │ しょうゆ —— 小さじ1/2
  └ おろしにんにく（チューブ）—— 1cm

作り方

1 豚肉は塩、こしょうを振る。玉ねぎは薄切りにする。

2 フライパンにごま油を熱し、**1**をいためる。ときどき返しながら、全体にこんがりと火を通し、合わせたAを加えてからめる。

粉をまぶすと、肉がふっくらやわらかい

豚肉のはちみつ照り焼き

調理時間 **5分**

材料・1人分
豚ロース薄切り肉 —— 4枚（100g）
塩、こしょう —— 各少々
かたくり粉 —— 小さじ1
サラダ油 —— 小さじ2
A ┌ 酒 —— 小さじ2
  └ しょうゆ、はちみつ —— 各小さじ1

作り方

1 豚肉は筋を切り、塩、こしょうを振って、かたくり粉を薄くまぶす。

2 フライパンにサラダ油を熱し、**1**を焼く。両面を1分ずつ焼いて火を通し、合わせたAを加えて煮からめる。

┌─────────────────┐
│ POINT
│
│ 肉にかたくり粉をまぶすひと手間
│ で、時間がたってもやわらかいで
│ す。お弁当におすすめのテク。
└─────────────────┘

コンパクトに卵焼き器で揚げられる

豚肉の折りたたみ揚げ

材料・1人分

豚ロース薄切り肉 —— 4枚（100g）

塩 —— ひとつまみ

こしょう —— 少々

A ┌ 酒、しょうゆ —— 各小さじ1
　 └ カレー粉 —— 小さじ1/2

B 小麦粉、かたくり粉 —— 各小さじ1

サラダ油 —— 適量

作り方

1 豚肉は筋を切り、塩、こしょうを振り、Aをもみ込む。1枚を3つ折りにし、合わせたBをまぶす。

2 卵焼き器にサラダ油を深さ5mmほど入れて熱し、1の両面を揚げ焼きにする。

調理時間 **6分**

POINT

3つ折りにすれば、卵焼き器でも豚肉4枚分が並びます。厚みが出るので、食べごたえもアップ！

残った卵液も流して、ふんわり焼く

ポークピカタ

調理時間 **8分**

材料・1人分

豚ロース薄切り肉 —— 3枚（75g）

塩 —— ひとつまみ

こしょう —— 少々

小麦粉 —— 小さじ1

A ┌ とき卵 —— 1個分
　 │ 粉チーズ —— 小さじ2
　 └ 乾燥ハーブ* —— 小さじ1/2

オリーブ油 —— 小さじ1

トマトケチャップ —— 小さじ1

*パセリ、オレガノ、ミックスなど好みのものでOK。

作り方

1 豚肉は筋を切り、塩、こしょうを振る。1枚を3つ折りにし、小麦粉を薄くまぶす。

2 ボウルにAをまぜ合わせ、1を入れてからめる。

3 卵焼き器にオリーブ油を熱し、2を並べ入れ、残った卵液も流し入れる。2分ほど焼いたら返し、さらに2分ほど焼く。菜箸で割って離し、弁当箱に詰め、ケチャップをかける。

照りよく、ごはんに合う濃いめの甘辛に

鶏肉のオイスター照り焼き

調理時間 **8分**

材料・1人分

鶏もも肉(から揚げ用)—— 100g
塩、こしょう —— 各少々
サラダ油 —— 小さじ1
A┌オイスターソース、はちみつ、酒 —— 各小さじ1
　└しょうゆ —— 小さじ1/2

作り方

1 鶏肉は塩、こしょうを振る。
2 フライパンにサラダ油を熱し、鶏肉を皮目から3分ほど焼く。こんがりと焼けたら返し、ふたをしてさらに3分ほど焼く。
3 キッチンペーパーで余分な脂をふきとり、合わせたAを加えて煮からめる。

まろやかな酸味で、あと味さっぱり

鶏肉のポン酢焼き

調理時間 **8分**

材料・1人分

鶏もも肉(から揚げ用)—— 100g
塩、こしょう —— 各少々
小麦粉 —— 小さじ1
赤とうがらし(小口切り) —— ひとつまみ
ごま油 —— 小さじ1
A┌ポン酢しょうゆ —— 小さじ2
　└みりん —— 小さじ1

作り方

1 鶏肉は塩、こしょうを振り、小麦粉をまぶす。
2 フライパンにごま油、赤とうがらしを入れて熱し、鶏肉を皮目から3分ほど焼く。こんがりと焼けたら返し、ふたをしてさらに3分ほど焼く。
3 キッチンペーパーで余分な脂をふきとり、合わせたAを加えてからめる。

POINT

余分な脂をふきとると、調味料がよくなじみます。味がワンランクアップするので試してみて。

えびチリよりボリュームがあって満足！

鶏のチリソース

調理時間
8分

材料・1人分

鶏もも肉（から揚げ用）── 100g
塩、こしょう ── 各少々
ねぎ ── 1/2本
ごま油 ── 小さじ1
A ┌ トマトケチャップ ── 大さじ1/2
　├ 豆板醤 ── 小さじ1/4
　└ はちみつ ── 小さじ1

作り方

1 鶏肉は塩、こしょうを振る。ねぎは2cm長さに切る。

2 フライパンにごま油を熱し、鶏肉を皮目から3分ほど焼く。ねぎは肉のわきでときどき転がしなら焼く。鶏肉がこんがりと焼けたら返し、ふたをしてさらに3分ほど焼く。

3 キッチンペーパーで余分な脂をふきとり、合わせたAを加えてからめる。

POINT

豆板醤の量は好みでかげんを。
野菜は玉ねぎやピーマン、エリンギなど、家にあるもので代用OK。

やさしい風味に七味の辛みがアクセント

鶏肉の七味マヨ焼き

調理時間
8分

材料・1人分

鶏胸肉 ── 100g
塩 ── 小さじ1/3
こしょう ── 少々
マヨネーズ ── 小さじ2
七味とうがらし ── 少々

作り方

1 鶏肉は2cm厚さのそぎ切りにし、一口大に切り、塩、こしょうを振る。

2 フライパンを熱し、マヨネーズを入れてとかす。1の両面を3分ずつ焼き、火が通ったら、七味とうがらしを振る。

カレー粉 & 粉チーズで一気に濃厚に！
お手軽フライドチキン

調理時間 8分

材料・1人分
鶏胸肉 —— 100 g
塩 —— 小さじ1/3
こしょう —— 少々
A ┌ 小麦粉 —— 小さじ2
　│ カレー粉 —— 小さじ1/2
　└ 粉チーズ —— 小さじ1
サラダ油 —— 適量

作り方

1 鶏肉は2cm厚さのそぎ切りにし、一口大に切る。塩、こしょうを振り、合わせたAをまぶす。

2 卵焼き器にサラダ油を深さ1cmほど入れて熱し、**1**の両面を2〜3分ずつ揚げ焼きにする。

POINT
合わせ衣をたっぷりまぶすと、カリッとスパイシーに！　鶏肉の厚みは2cmくらいが揚げやすいです。

調理時間 8分

ほのかにゆずのさわやかな香りがする
鶏肉の香りみそ揚げ

材料・1人分
鶏胸肉 —— 100 g
A ┌ みそ —— 小さじ1/2
　│ みりん —— 小さじ1
　└ ゆずこしょう —— 小さじ1/4
小麦粉 —— 小さじ2
サラダ油 —— 適量

作り方

1 鶏肉は2cm厚さのそぎ切りにし、一口大に切る。Aをもみ込み、小麦粉をまぶす。

2 卵焼き器にサラダ油を深さ1cmほど入れて熱し、**1**の両面を2〜3分ずつ揚げ焼きにする。

まぜてチン！で、しっとり味がしみる

レンチン肉そぼろ

調理時間
5分

材料・1人分

鶏ひき肉 —— 100g

A
┌ しょうゆ、みりん、酒 —— 各小さじ2
│ 砂糖 —— 小さじ1
└ おろししょうが（チューブ）—— 1cm

作り方

1 耐熱ボウルにひき肉、Aを入れてまぜる。ふんわりとラップをかけ、電子レンジ（600W）で2分加熱する。

2 いったんとり出し、よくまぜ合わせてから、再び電子レンジ（600W）で1分加熱する。

みんな大好き♡ 甘めのケチャップ味

カラフル肉そぼろ

調理時間
8分

材料・1人分

鶏ひき肉 —— 100g

ミックスベジタブル（冷凍）—— 50g

オリーブ油 —— 小さじ1

A
┌ トマトケチャップ —— 小さじ2
│ 中濃ソース —— 小さじ1
│ 塩 —— ひとつまみ
└ こしょう —— 少々

作り方

1 フライパンにオリーブ油を熱し、ひき肉をいためる（そぼろのようにこまかくせず、焼きほぐす感じでOK）。

2 肉に火が通ってきたら、ミックスベジタブルを凍ったまま加え、あたたまったら、合わせたAを加えてまぜる。

┌─────────────────┐
POINT

ごはんにのせるほか、卵にまぜてオムレツに、パンにチーズとのせて焼いても美味。便利です♪
└─────────────────┘

丸めるだけの肉々しさがたまらない

こねないハンバーグ

調理時間 **8分**

材料・1人分

合いびき肉 ── 120g
塩 ── ふたつまみ
こしょう ── 少々
小麦粉 ── 小さじ1
サラダ油 ── 小さじ2
A ┌ トマトケチャップ ── 大さじ1
　└ しょうゆ、みりん ── 各小さじ1

作り方

1 ひき肉に塩、こしょうを振り、ざっとまぜて小判形にまとめ、小麦粉をまぶす。

2 フライパンにサラダ油を熱し、**1**を入れる。3分ほど焼き、こんがりしたら返し、ふたをしてさらに3分ほど焼く。

3 キッチンペーパーで余分な脂をふきとり、合わせた**A**を加えてからめる。

POINT

玉ねぎを刻む手間をカット。ステーキ感覚で、お肉のうまみをダイレクトに感じられます。

調理時間 **8分**

しっかり味つけするからソースは不要

豚肉のみそハンバーグ

材料・1人分

豚ひき肉 ── 100g
A ┌ みそ ── 小さじ2
　│ みりん ── 小さじ1
　└ おろししょうが (チューブ) ── 1cm
ごま油 ── 小さじ1

作り方

1 ひき肉に**A**を加えてねりまぜる。

2 フライパンにごま油を熱し、**1**を入れる。へらなどで押さえながら、なんとなく丸形になるように広げて焼く。3分ほど焼き、こんがりしたら返し、ふたをしてさらに3分ほど焼く。

濃いめの甘辛で、白米がガツガツ進む

牛肉がっつり甘辛いため

調理時間 **6分**

材料・1人分

牛切り落とし肉 —— 100g

玉ねぎ —— 1/4個

サラダ油 —— 小さじ1

A
- しょうゆ、みりん —— 各小さじ2
- 砂糖 —— 小さじ1
- おろししょうが(チューブ) —— 1cm

作り方

1 玉ねぎは薄切りにする。

2 フライパンにサラダ油を熱し、牛肉、**1**を入れる。3分ほどいため、全体に火が通ったら、合わせた**A**を加えて煮からめる。

見た目の存在感も味も、厚切りに負けない

牛薄切りの重ねステーキ

調理時間 **6分**

材料・1人分

牛切り落とし肉 —— 100g

A
- 塩 —— ひとつまみ
- こしょう —— 少々
- 酒 —— 小さじ1
- かたくり粉 —— 大さじ1

バター —— 5g

B
- 赤ワイン(または酒) —— 小さじ2
- しょうゆ、みりん —— 各小さじ1

作り方

1 牛肉は**A**を振ってざっとまぜ、広げてざっくりと重ねる。

2 フライパンを熱し、バターを入れてとかし、**1**を入れる。2分ほど焼き、こんがりしたら返し、ふたをしてさらに2分ほど焼く。合わせた**B**を加えて煮からめる。

POINT

しょうゆベースのステーキソースは、ごはんによく合います。ポークソテーでもアレンジOK。

市販のたれで安定の味！元気がわく

シンプル★プルコギ

調理時間
5分

材料・1人分
牛切り落とし肉 ── 100g
にら ── 1/3束(30g)
A ┌ 焼き肉のたれ ── 小さじ2
　└ コチュジャン ── 大さじ1/2
ごま油 ── 小さじ1
いり白ごま ── 小さじ1/2

作り方

1 牛肉はAをもみ込む。にらは3cm長さに切る。

2 フライパンにごま油を熱し、牛肉をいためる。火が通ってきたら、にらを加えていため合わせ、ごまを振る。

ポン酢が牛脂をさっぱりさせてくれる

牛肉と豆苗のポン酢いため

調理時間
5分

材料・1人分
牛切り落とし肉 ── 100g
塩 ── ふたつまみ
こしょう ── 少々
豆苗 ── 1/3パック(30g)
サラダ油 ── 小さじ1
ポン酢しょうゆ ── 小さじ2

作り方

1 牛肉は塩、こしょうを振る。豆苗は3cm長さに切る。

2 フライパンにサラダ油を熱し、牛肉をいためる。火が通ってきたら、豆苗を加えてさっといため、ポン酢しょうゆを加えてまぜる。

POINT

豆苗はさっと火が通り、クセがないので牛肉と相性◎。チンゲンサイや小松菜でも代用できます。

香りよくカリッと焼けて、上品な味わい

鮭のゆずこしょうバター焼き

調理時間 **6**分

材料・1人分
生鮭 —— 1切れ
ゆずこしょう —— 小さじ1/2
バター —— 5g

作り方

1 鮭にゆずこしょうを塗る。

2 フライパンを熱し、バターを入れてとかし、**1**を入れる。2分ほど焼き、こんがりしたら返し、ふたをしてさらに3分ほど焼く。

生鮭やたらなど、ほかの切り身でもOK

めかじきの照り焼き

調理時間 **6**分

材料・1人分
めかじき —— 1切れ
塩 —— ひとつまみ
こしょう —— 少々
かたくり粉 —— 小さじ1
ごま油 —— 小さじ1
A［ しょうゆ、みりん —— 各小さじ2
　 カレー粉 —— ふたつまみ

作り方

1 めかじきは塩、こしょうを振り、かたくり粉を薄くまぶす（弁当箱に詰めやすく切ってもOK）。

2 フライパンにごま油を熱し、**1**を入れる。2分ほど焼き、こんがりしたら返し、さらに2分ほど焼く。合わせたAを加えて煮からめる。

POINT

カレー粉は辛さを感じない程度に少し入れると、スパイスの香りが魚のくさみを消してくれます。

チーズ風味の卵衣をふんわりまとわせて

たこチーズピカタ

調理時間 **8分**

材料・1人分
蒸しだこ ── 80g
小麦粉 ── 小さじ1
A ┌ とき卵 ── 1個分
　├ 粉チーズ ── 小さじ2
　├ マヨネーズ ── 小さじ1
　└ 乾燥パセリ ── 小さじ1/2
バター ── 10g

作り方
1 たこはそぎ切りにし、小麦粉をまぶす。

2 ボウルにAをまぜ合わせ、**1**を入れてからめる。

3 卵焼き器を熱してバターをとかし、**2**を流し入れる。表面が乾いてきたら返し、さらに卵に火が通るまで焼く。菜箸で適当な大きさに割る。

POINT
卵液も、いっしょに流して使いきり！ 焼けたら、弁当箱に詰めやすいように箸で割ればOK。

甘めのちょい辛が女子好み！ 疲れがとれる

えびのコチュマヨあえ

調理時間 **5分**

材料・1人分
むきえび ── 100g
A ┌ 塩 ── ふたつまみ
　├ こしょう ── 少々
　└ 酒 ── 小さじ1
B ┌ マヨネーズ ── 小さじ2
　└ コチュジャン ── 小さじ1
いり白ごま ── 小さじ1/2

作り方
1 耐熱ボウルにむきえび、Aを入れてまぜ、ふんわりとラップをかけ、電子レンジ（600W）で2分加熱する。

2 キッチンペーパーで余分な水分をふきとり、Bを加えてまぜ、ごまを振る。

見た目はつくね！ごはんに合う味に変身

さつま揚げのしょうがじょうゆ焼き

調理時間 **3**分

材料・1人分
さつま揚げ —— 2枚
バター —— 5g
A［しょうゆ、みりん —— 各小さじ1
　└おろししょうが（チューブ）—— 1cm

作り方
1 フライパンを熱し、バターを入れてとかし、さつま揚げを並べ入れる。
2 両面をこんがりと焼いたら、合わせたAを加えて煮からめる。

カリッと香ばしくなり、ごちそう感アップ！

魚肉ソーセージの春巻き

調理時間 **8**分

材料・1人分
魚肉ソーセージ —— 2本
春巻きの皮 —— 1枚
A［小麦粉 —— 小さじ1
　└水 —— 小さじ1
サラダ油 —— 適量

作り方
1 魚肉ソーセージは1本を3等分に切る。春巻きの皮は幅を6等分に切る。
2 春巻きの皮で魚肉ソーセージをクルクルと巻き、まぜたAで巻き終わりをとめる。
3 フライパンにサラダ油を深さ5mm〜1cmほど入れて熱し、2を入れる。ときどき転がしながら、全体をこんがりと揚げ焼きにする。

POINT
魚肉ソーセージは、皮を巻くだけで包まなくていいのがラク。転がるので焼き色もつけやすい。

目玉焼きにのっけて、手抜きなのに大人気

ランチョンミートエッグ

調理時間 **5分**

材料・1人分
ランチョンミート ── 薄切り2枚
卵 ── 1個
マヨネーズ ── 適量

作り方

1 フライパンにマヨネーズを直径10cmほどの円形にしぼり出し、中央に卵を割り入れる。

2 白身の下のほうが少し焼けてきたら、ランチョンミートをのせ、黄身を少しつぶすくらいに押さえる。卵がしっかりと焼けたら返し、ランチョンミートをこんがりと焼く。

POINT

マヨネーズを円形にしぼると、卵が広がりにくくなります。お肉は、縦に切ったソーセージでも!

パンチのある味でお肉のピンチヒッターに

厚揚げの BBQ いため

調理時間 **5分**

材料・1人分
厚揚げ ── 1/2枚
玉ねぎ ── 1/4個
サラダ油 ── 小さじ1
A ┌ 焼き肉のたれ、
  └ トマトケチャップ ── 各小さじ2

作り方

1 厚揚げは食べやすく切り、玉ねぎは1cm厚さに切る。

2 フライパンにサラダ油を熱し、**1**を入れる。ときどき返しながら焼き、玉ねぎに火が通ったら、**A**を加えてからめる。

朝パパッとサブの ラクうま調理テク3

「ポリ袋」「電子レンジ」「フライパン」で、手早くおいしく作るコツをご紹介。
いつもの野菜も、調理法によって食感や風味が変わって、飽きません!

1 ポリ袋は 2%の塩でもむ

> 野菜50g (ひとつかみ)
> **+**
> 塩1g (ふたつまみ)

親指、人さし指、中指でつまんだ
「塩のひとつまみ」は、0.5gくらい
(一度、自分の指でつまんで量っ
てみるとよい)。野菜50gに塩1g、
野菜100gに塩2gくらいが、朝パ
パッと作る「塩もみ」の目安です。
覚えておくと、いろいろな野菜で
応用できるので便利!

このまま5分

袋をふくらませて振る
ポリ袋に野菜と塩を入れたら、袋に
空気を入れてふくらませます。野菜を
踊らせるようにシャカシャカ振ると、
均一に塩をまぶせます。

空気を抜いて口をしばり、5
分おきます。前日にここまで
やっておいてもOK。

袋を切って水けをしぼる
結び目のところでポリ袋を切り、ギュ
ッと水けをしぼって、しょうゆや酢、こ
しょう、すりごま、かつお節などで好
みの味つけをします。

2 電子レンジは水分を補って蒸す

水にさらしてふんわりラップ
野菜は洗ったら、水がついたまま耐熱容器に入れることで、しっとりと蒸すことができます。ラップは空気の通り道をつくるように、「ふんわり」とかけるのがポイント。

加熱後、余分な水けを吸う
特に青菜は、加熱後に水けが出るので、キッチンペーパーで余分な水けを吸いとりましょう。調味料を加えてあえたときに、味がボヤけません。

3 フライパンで香ばしく焼く

強めの火で焼き目をつける
さやいんげん、ズッキーニ、かぼちゃ、ブロッコリーなど、少し焦がすくらいに香ばしく焼くことで、コクが出ます。焼き色がつくと、見た目もおいしそうに！

小さめのフライパンでOK
お弁当のいため物は、汁っぽくならないよう少ない調味料をからめるので、16〜20cmの小さめのフライパンを使うのがおすすめ。卵焼き器でもかまいません。

メインとのバランスで
サブの調理法を変えてみて♪

調理時間 **8分**

＼ 野菜の水分でわかめがもどる！ ／

キャベツとわかめの和風サラダ

材料・1人分

キャベツ ── 1/12個（100g）
カットわかめ（乾燥）── 2g
A ┌ 酢、ごま油
　├ ── 各小さじ1
　└ しょうゆ ── 小さじ1/2

作り方

1 キャベツは5mm幅に切り、ポリ袋に入れる。塩（分量外・2g）を振ってもみ、わかめを加えてまぜる。

2 袋の空気を抜いて口をしばり、5分おく。

3 水けをしぼり、Aを加えてあえる。

調理時間 **8分**

＼ 乾物をササッと足していい味に ／

きゅうりのじゃこあえ

材料・1人分

きゅうり ── 1/2本（50g）
A ┌ ちりめんじゃこ
　│ ── 大さじ1（5g）
　├ いり白ごま
　└ ── 小さじ1/2

作り方

1 きゅうりは小口切りにし、ポリ袋に入れ、塩（分量外・1g）を振ってもむ。

2 袋の空気を抜いて口をしばり、5分おく。

3 水けをしぼり、Aを加えてあえる。

調理時間 **8分**

＼ おかかのうまみにほっとする ／

白菜のおかかあえ

材料・1人分

白菜 ── 小1枚（70g）
A ┌ かつお節 ── 2g
　├ しょうゆ ── 小さじ1/2
　├ おろししょうが
　└ （チューブ）── 5mm

作り方

1 白菜は繊維を断つように5mm幅に切り、ポリ袋に入れ、塩（分量外・1.4g）を振ってもむ。

2 袋の空気を抜いて口をしばり、5分おく。

3 水けをしぼり、Aを加えてあえる。

調理時間 **8分**

＼ こぶ風味であっさり食べられる ／

大根の納豆こぶ漬け

材料・1人分

大根 ── 100g（4cm）
A ┌ 納豆こぶ ── 2g
　└ しょうゆ ── 小さじ1

 ごく細切りの納豆こぶは、即席漬けに役立つ！

作り方

1 大根は薄いいちょう切りにし、ポリ袋に入れ、塩（分量外・2g）を振ってもむ。

2 袋の空気を抜いて口をしばり、5分おく。

3 水けをしぼり、Aを加えてあえる。

ポリポリの食感がクセになる

にんじんの 粒マスタードサラダ

材料・1人分

にんじん …… 1/2本（80g）

A ┌ 粒マスタード …… 小さじ1/2
　 └ オリーブ油 …… 小さじ1

作り方

1 にんじんは細切りにし、ポリ袋に入れ、塩（分量外・1.6g）を振ってもむ。

2 袋の空気を抜いて口をしばり、5分おく。

3 水けをしぼり、Aを加えてあえる。

しっとりやわらかく、さわやか

かぶのレモンサラダ

材料・1人分

かぶ …… 小1個（100g）

A ┌ レモン汁、オリーブ油 …… 各小さじ1
　 └ こしょう …… 少々

作り方

1 かぶは薄い半月切りにし、あれば葉少々（分量外）も刻んで、ポリ袋に入れる。塩（分量外・2g）を振ってもむ。

2 袋の空気を抜いて口をしばり、5分おく。

3 水けをしぼり、Aを加えてあえる。

5分でうまみがギュッと詰まる

なすの青じそ漬け

材料・1人分

なす …… 1本（75g）

青じそ …… 1枚

A ┌ しょうゆ、いり白ごま …… 各小さじ1/2

作り方

1 なすは薄い半月切りにし、ポリ袋に入れ、塩（分量外・1.5g）を振ってもむ。

2 袋の空気を抜いて口をしばり、5分おく。

3 水けをしぼり、青じそをちぎり入れ、Aを加えてあえる。

桜えびで香ばしさ＆彩りアップ

セロリと桜えびの香りサラダ

材料・1人分

セロリ …… 1/3本（50g）

A ┌ 桜えび（乾燥） …… 大さじ1（3g）
　 │ サラダ油 …… 小さじ1
　 └ こしょう …… 少々

作り方

1 セロリは斜め薄切り、葉は細切りにし、ポリ袋に入れ、塩（分量外・1g）を振ってもむ。

2 袋の空気を抜いて口をしばり、5分おく。

3 水けをしぼり、Aを加えてあえる。

調理時間 5分

❯ 困ったらコレ！人気のチーズ味 ❮

ブロッコリーの
粉チーズマリネ

材料・1人分

ブロッコリー —— 80g

A ┌ 粉チーズ、オリーブ油
  │ —— 各小さじ1
  │ 塩 —— ふたつまみ
  └ こしょう —— 少々

作り方

1 ブロッコリーは小房に分け、大きな房は半分に切る。

2 耐熱ボウルに1をさっと洗って入れ、ふんわりとラップをかけ、電子レンジ（600W）で2分加熱する。

3 キッチンペーパーで余分な水分を吸いとり、Aを加えてあえる。

調理時間 5分

❯ チンすれば湯を沸かす手間なし ❮

ほうれんそうのソテー

材料・1人分

ほうれんそう
 —— 1/2束（100g）
粒コーン —— 大さじ2（20g）

A ┌ 酢、オリーブ油
  │ —— 各小さじ1
  │ カレー粉 —— 小さじ1/2
  │ 塩 —— ふたつまみ
  └ こしょう —— 少々

作り方

1 ほうれんそうは3cm長さに切る。

2 耐熱ボウルに1をさっと洗って入れ、ふんわりとラップをかけ、電子レンジ（600W）で1分30秒加熱する。

3 キッチンペーパーで余分な水分を吸いとり、汁けをきったコーン、Aを加えてあえる。

調理時間 5分

❯ 忙しい朝も、味つけカンタン♪ ❮

小松菜のなめたけあえ

材料・1人分

小松菜 —— 1/2束（100g）

A ┌ なめたけ —— 30g
  └ 酢 —— 小さじ1/2

作り方

1 小松菜は3cm長さに切る。

2 耐熱ボウルに1をさっと洗って入れ、ふんわりとラップをかけ、電子レンジ（600W）で1分30秒加熱する。

3 キッチンペーパーで余分な水分を吸いとり、Aを加えてあえる。

調理時間 5分

❯ 中華風のピリ辛が食欲をそそる ❮

チンゲンサイのザーサイあえ

材料・1人分

チンゲンサイ —— 1株（100g）

A ┌ ザーサイ（味つき） —— 10g
  │ ラー油、しょうゆ
  └ —— 各小さじ1/2

作り方

1 チンゲンサイは3cm長さに切る。Aのザーサイはあらく刻む。

2 耐熱ボウルにチンゲンサイをさっと洗って入れ、ふんわりとラップをかけ、電子レンジ（600W）で1分30秒加熱する。

3 キッチンペーパーで余分な水分を吸いとり、Aを加えてあえる。

調理時間 5分

╲ 野菜はなんでもアレンジOK ╱

アスパラのごまあえ

材料・1人分

グリーンアスパラガス
　——2～3本(100g)
　┌ すり白ごま —— 大さじ1
A│ 砂糖 —— 小さじ1
　└ しょうゆ —— 小さじ1/2

作り方

1 アスパラは根元をピーラーでむき、1.5cm厚さの斜め切りにする。

2 耐熱ボウルに1をさっと洗って入れ、ふんわりとラップをかけ、電子レンジ(600W)で1分30秒加熱する。

3 キッチンペーパーで余分な水分を吸いとり、Aを加えてあえる。

調理時間 5分

╲ 常備の梅干しでさっぱり味に ╱

オクラの梅あえ

材料・1人分

オクラ —— 4本(50g)
梅干し —— 小1個
　　　　(正味10g)
ごま油 —— 小さじ1/2

作り方

1 オクラはガクをぐるりとむき、塩を振ってもみ、さっと洗って斜め半分に切る。

2 耐熱ボウルに1を入れ、ふんわりとラップをかけ、電子レンジ(600W)で1分加熱する。

3 キッチンペーパーで余分な水分を吸いとり、梅干しをちぎって加え、ごま油を加えてあえる。

調理時間 5分

╲ 低予算のコスパ弁当も叶う! ╱

もやしのナムル

材料・1人分

もやし —— 1/2袋(100g)
焼きのり —— 1/2枚
　┌ すり白ごま
　│　　—— 大さじ1/2
A│ しょうゆ —— 小さじ1/2
　│ ごま油 —— 小さじ1
　└ 塩 —— ひとつまみ

作り方

1 もやしはさっと洗って耐熱ボウルに入れ、ふんわりとラップをかけ、電子レンジ(600W)で1分30秒加熱する。

2 キッチンペーパーで余分な水分を吸いとり、のりをちぎり入れ、Aを加えてあえる。

調理時間 5分

╲ 食感よく、ほどよい酸味が◎ ╱

豆苗と桜えびのサラダ

材料・1人分

豆苗 —— 1/2パック(50g)
桜えび(乾燥)
　　—— 大さじ1(3g)
　┌ 酢、サラダ油
A│　　—— 各小さじ1
　└ 塩 —— ひとつまみ

作り方

1 豆苗は3cm長さに切る。

2 耐熱ボウルに1をさっと洗って入れ、ふんわりとラップをかけ、電子レンジ(600W)で1分加熱する。

3 キッチンペーパーで余分な水分を吸いとり、桜えび、Aを加えてあえる。

調理時間
8分

\ 甘みにほっこり♡ デザート気分 /

さつまいもの
クリームチーズあえ

材料・1人分
さつまいも —— 1/3本(100g)
┌ クリームチーズ —— 20g
A │ 塩 —— ふたつまみ
└ こしょう —— 少々

作り方
1 さつまいもは1cm厚さの輪切りにし、さっと水にさらして耐熱ボウルに入れる。ふんわりとラップをかけ、電子レンジ(600W)で3分加熱する。

2 ラップをしたまま3分おき、Aを加え、あらめにつぶしながらまぜる。

調理時間
8分

\ いも1個でおかずができちゃう /

つぶしジャーマンポテト

材料・1人分
じゃがいも —— 小1個(100g)
ベーコン —— 1枚
塩 —— ふたつまみ
こしょう —— 少々

作り方
1 じゃがいもは皮をむいて1cm厚さの半月切りにする。ベーコンは1cm幅に切る。

2 耐熱ボウルに1を入れ、ふんわりとラップをかけ、電子レンジ(600W)で3〜4分加熱する。

3 ラップをしたまま3分おき、塩、こしょうを加え、あらめにつぶしながらまぜる。

調理時間
5分

\ 少量でも煮くずれせずホクホク /

かぼちゃの甘煮

材料・1人分
かぼちゃ —— 100g(正味)
A ┌ しょうゆ —— 小さじ1.5
  └ 砂糖 —— 小さじ1

作り方
1 かぼちゃは一口大に切る。

2 耐熱ボウルに1をさっと洗って入れ、Aを加えてまぜる。ふんわりとラップをかけ、電子レンジ(600W)で3分加熱し、全体をまぜる。

調理時間
5分

\ 厚切りが3分チン！でやわらか /

にんじんグラッセ

材料・1人分
にんじん —— 大1/2本(100g)
バター —— 5g
┌ 水 —— 小さじ1
A │ 砂糖 —— 小さじ1
└ 塩 —— ひとつまみ

作り方
1 にんじんは1.5cm厚さの輪切りにする。

2 耐熱ボウルに1、Aを入れてまぜ、バターをのせる。ふんわりとラップをかけ、電子レンジ(600W)で3分加熱し、全体をまぜる。

調理時間 **5分**

❧ じっくり煮たように甘くなる ❧

玉ねぎのおかか煮

材料・1人分

玉ねぎ ── 1/2個 (100g)

A ┌ しょうゆ、みりん
  └ ── 各小さじ2

かつお節 ── 2g

作り方

1 玉ねぎは繊維に沿って5mm厚さに切る。

2 耐熱ボウルに1、Aを入れてまぜ、ふんわりとラップをかけ、電子レンジ (600W) で3分加熱する。

3 かつお節を加え、全体をまぜる。

調理時間 **5分**

❧ しょうが効果であと味スッキリ ❧

ピーマンの甘辛しょうが煮

材料・1人分

ピーマン ── 2個 (60g)

A ┌ しょうゆ ── 大さじ1/2
  │ 砂糖、ごま油
  │ ── 各小さじ1/2
  │ おろししょうが
  └ (チューブ) ── 1cm

作り方

1 ピーマンは縦半分に切ってへたと種を除き、横にして1cm幅に切る。

2 耐熱ボウルに1、Aを入れてまぜる。ふんわりとラップをかけ、電子レンジ (600W) で1分加熱し、全体をまぜる。

調理時間 **5分**

❧ チンしてしっとり、新しい味わい ❧

ズッキーニのハムロール

材料・1人分

ズッキーニ
 ── 縦1/2本強 (100g)

ロースハム ── 2枚

作り方

1 ズッキーニはピーラーで8枚くらいに薄切りにする。ハムは半分に切る。ズッキーニ2枚を少し重ね、ハムをのせて巻き、つまようじでとめる。

2 耐熱ボウルに1を入れ、ふんわりとラップをかけ、電子レンジ (600W) で30秒加熱する。

調理時間 **5分**

❧ あら熱をとる間に味がなじむ ❧

れんこんの甘酢漬け

材料・1人分

れんこん ── 1/3節 (100g)

A ┌ 酢 ── 大さじ1
  │ 砂糖 ── 小さじ1
  │ 塩 ── ふたつまみ
  │ 赤とうがらし (小口切り)
  └ ── ひとつまみ

作り方

1 れんこんは薄い半月切りにする。

2 耐熱ボウルに1、Aを入れてまぜる。ふんわりとラップをかけ、電子レンジ (600W) で2分加熱し、全体をまぜる。

調理時間 5分

❚ 焼き色をつけるとうまみも増す ❚

キャベツのマヨカレーいため

材料・1人分
キャベツ —— 1/12個（100g）
マヨネーズ —— 小さじ1
A ┌ 塩 —— ふたつまみ
　├ こしょう —— 少々
　└ カレー粉 —— 小さじ1/4

作り方
1 キャベツは1cm幅に切る。

2 フライパンを熱し、マヨネーズを入れてとかし、1をいためる。しんなりしてきたら、Aで調味する。

調理時間 5分

❚ 梅のすっぱさで疲れが癒される ❚

キャベツの梅いため

材料・1人分
キャベツ —— 1/12個（100g）
ごま油 —— 小さじ1
梅干し —— 大1個（正味20g）
しょうゆ —— 小さじ1/2

作り方
1 キャベツは3cm角に切る。

2 フライパンにごま油を熱し、1を1分ほどいためる。梅干しをちぎって加え、しょうゆを加えてまぜる。

調理時間 7分

❚ 塩けと辛みで、甘みが引き立つ ❚

にんじんの明太子いため

材料・1人分
にんじん —— 大1/2本（100g）
明太子（たらこでもOK）
　—— 1/2本（20g）
サラダ油 —— 小さじ1
A ┌ 塩、こしょう —— 各少々
　└ しょうゆ —— 小さじ1/2

作り方
1 にんじんは細切りにする。明太子は薄皮から身をとり出す。

2 フライパンにサラダ油を熱し、1を入れて2分ほどいためる。にんじんがしんなりしてきたら、Aで調味する。

調理時間 5分

❚ ピーラーの薄切りでササッと！ ❚

にんじんシリシリ

材料・1人分
にんじん —— 1/2本（80g）
卵 —— 1個
サラダ油 —— 小さじ1
A ┌ 塩 —— ふたつまみ
　├ こしょう —— 少々
　└ しょうゆ —— 小さじ1/2

作り方
1 にんじんはピーラーで薄切りにする。卵は割りほぐす。

2 フライパンにサラダ油を熱し、にんじんを2分ほどいためる。とき卵を回し入れていため合わせ、火が通ったら、Aで調味する。

▌ 手ちぎりだと食べごたえが出る ▌

ピーマンのオイスターいため

材料・1人分
ピーマン —— 2個
ごま油 —— 小さじ1

A
┌ オイスターソース
│ —— 小さじ1
│ しょうゆ、みりん
└ —— 各小さじ1/2

作り方
1 ピーマンは食べやすく手でちぎる（種が入ってもOK）。
2 フライパンにごま油を熱し、1を1分ほどいため、Aで調味する。

▌ 半生くらいがジューシーでいい ▌

パプリカのソースいため

材料・1人分
赤パプリカ —— 1/2個
サラダ油 —— 小さじ1

A
┌ ウスターソース —— 小さじ1
│ 砂糖、しょうゆ
│ —— 各小さじ1/2
└ 塩 —— ひとつまみ

作り方
1 パプリカは繊維に沿って細切りにする。
2 フライパンにサラダ油を熱し、1を30秒ほどいため、Aで調味する。

▌ ベーコンの脂でぐぐっとおいしく ▌

スナップえんどうの
ベーコンいため

材料・1人分
スナップえんどう —— 10本
ベーコン —— 1枚
サラダ油 —— 小さじ1/2
塩 —— ふたつまみ
こしょう —— 少々

作り方
1 スナップえんどうはへたと筋を除く。ベーコンは1cm幅に切る。
2 フライパンにサラダ油、ベーコンを入れて熱し、脂が出てきたら、スナップえんどうを加える。1分ほどいため、塩、こしょうで調味する。

▌ ピーナツが食感のアクセントに ▌

いんげんのバタピーいため

材料・1人分
さやいんげん —— 10本
バターピーナツ —— 20g
オリーブ油 —— 小さじ1
塩 —— ふたつまみ
こしょう —— 少々

作り方
1 いんげんはへたを切り落とし、半分または3等分に切る。ピーナツは包丁の腹でつぶし、あらく砕く。
2 フライパンにオリーブ油を熱し、いんげんを焼く。ときどき転がしながら3分ほど焼き、ピーナツ、塩、こしょうを加え、さっといためる。

調理時間
5分

■ 考えたくない日のめんつゆ頼み！ ■

小松菜と油揚げの めんつゆいため

材料・1人分
小松菜── 1/2束(100g)
油揚げ── 1/2枚
ごま油── 小さじ1
めんつゆ(3倍濃縮)
　── 小さじ1

作り方
1 小松菜は2〜3cm長さに切る。油揚げは半分に切ってから、1cm幅に切る。

2 フライパンにごま油を熱し、**1**を1分ほどいため、めんつゆで調味する。

調理時間
5分

■ カレー粉が味の引き締め役 ■

豆もやしとちくわの カレーいため

材料・1人分
豆もやし── 1/2袋(100g)
ちくわ── 1本
サラダ油── 小さじ1
A┌ カレー粉── 小さじ1/4
　│ しょうゆ── 小さじ1/2
　│ 塩── ひとつまみ
　└ こしょう── 少々

作り方
1 ちくわは薄い輪切りにする。

2 フライパンにサラダ油を熱し、**1**を30秒ほどいため、もやしを加え、さらに30秒ほどいため。Aで調味する(カレー粉のかわりにゆずこしょうでもおいしい)。

調理時間
5分

■ 香ばしい焼き目もうまみのもと ■

ズッキーニの粉チーズグリル

材料・1人分
ズッキーニ
　── 1/2本強(100g)
オリーブ油── 小さじ1
A┌ 粉チーズ── 小さじ1
　│ 塩── ひとつまみ
　└ こしょう── 少々

作り方
1 ズッキーニは1cm厚さの輪切りにする。

2 フライパンにオリーブ油を熱し、**1**の両面を1分ずつ焼く。Aを振り、さっといためる。

調理時間
7分

■ しっとりして甘みそがしみしみ♡ ■

なすのみそ焼き

材料・1人分
なす── 1個
ごま油── 小さじ2
A┌ みそ、みりん、砂糖
　└ ── 各小さじ1

作り方
1 なすは1.5cm厚さの輪切りにする。Aはまぜ合わせる。

2 フライパンにごま油を熱し、**1**の両面を2分ずつ焼く。Aを加え、煮からめる。

╲ ケチャップで甘みとコクが増す ╱

かぼちゃのケチャップ焼き

材料・1人分

かぼちゃ ── 100g（正味）
オリーブ油 ── 小さじ1
A ┌ トマトケチャップ
│　　 ── 小さじ2
│ 塩 ── ひとつまみ
└ こしょう ── 少々

作り方

1 かぼちゃは1cm厚さの一口大に切る。

2 フライパンにオリーブ油を熱し、1の両面を2分ずつ焼く。火が通ったら、Aで調味する。

╲ シャッキリ甘ずっぱくて箸が進む ╱

じゃがいものナンプラーいため

材料・1人分

じゃがいも ── 小1個(100g)
赤とうがらし ── ひとつまみ
サラダ油 ── 小さじ2
A ┌ ナンプラー ── 小さじ1
└ 酢、砂糖 ── 各小さじ1/2

作り方

1 じゃがいもは皮つきで細切りにする。

2 フライパンにサラダ油を熱し、1、赤とうがらしを入れ、2分ほどいためる。Aを加え、調味する。

╲ 薄切りだから忙しい朝も手早い！ ╱

ごぼうのさんしょうきんぴら

材料・1人分

ごぼう ── 1/2本
ごま油 ── 小さじ1
A ┌ しょうゆ、みりん
│　　 ── 各小さじ2
│ 酢 ── 小さじ1
└ 粉ざんしょう ── 5振り

作り方

1 ごぼうは斜め薄切りにする。

2 フライパンにごま油を熱し、1を2分ほどいため、Aで調味する。

╲ 酸味と玉ねぎの甘みがマッチ ╱

きのこのいためマリネ

材料・1人分

しめじ ── 1/3パック(30g)
エリンギ ── 小1本(30g)
玉ねぎ ── 1/4個
オリーブ油 ── 小さじ2
A ┌ 酢 ── 小さじ2
│ 塩 ── ふたつまみ
└ こしょう ── 少々

作り方

1 しめじはほぐし、エリンギは薄切りにする。玉ねぎは薄切りにする。

2 フライパンにオリーブ油を熱し、1を2分ほどいためる。しんなりしたら、Aで調味する。

あと1品に助かる！ 卵のおかず

調理が簡単な卵は、朝のお弁当作りの心強い味方。
前日に余裕があれば、味つけ卵の作りおきもおすすめです。

＼だしを入れて、ふんわりと焼く／
基本の卵焼き

材料・1本分

卵 —— 2個

A
┌ だし（または水）—— 大さじ2
│ みりん —— 小さじ1
│ 薄口しょうゆ —— 小さじ1/2
└ 塩 —— ひとつまみ

サラダ油 —— 適量

調理時間 6分

1 卵はボウルに割り入れ、菜箸で白身を切るようにほぐしまぜる。Aを合わせ、よくまぜる。

2 卵焼き器にキッチンペーパーでサラダ油を薄く塗り、中火であたためる。菜箸の先に卵液をつけて入れ、ジュッと固まったら、焼き始めてOK。

3 卵液の1/3量を流し入れ、フライパンを傾けて全体に広げる。半熟状になったら、表面が乾かないうちに奥から手前に巻く。1回目は、形を気にしない。

4 手前まで巻いたら、フライパンの奥のあいたところに**2**と同様に油を塗り、卵焼きを奥にすべらせる。手前のあいたところにも油を塗る。

5 再び卵液の1/3量を流し入れる。奥の卵焼きを菜箸で少し浮かして、卵焼きの下にも卵液を流し入れる。ぷくっと気泡が出たら、菜箸の先でつぶすとよい。

6 卵液が乾かないうちに奥から手前に巻く。残りの卵液も同様に焼く。

※巻きすや厚手のキッチンペーパーで巻いて、形をととのえてもOK。あら熱がとれるまでおいて、切り分ける。

卵焼きバリエ

基本の卵焼きは、いろいろな具材と好相性！
家にあるものを"ちょい足し"してみて。

調理時間 7分

中心にしっかり巻けたら大成功♡

かにかま巻き卵焼き

材料・1人分

基本の卵焼きの材料
（p.132）…… 1本分
かに風味かまぼこ…… 2本

卵を少し
かぶせてから
巻くのがコツ

作り方

1 基本の卵焼き**1**と同様に、材料をまぜる。

2 卵焼き器にサラダ油を薄く塗り、中火であたためる。卵液の1/3量を流し入れ、フライパンを傾けて全体に広げる。半熟状になったら、かにかまを奥から3cmほど手前に並べておき、奥側の卵を少しかぶせてから、手前に巻いていく。

3 あとは基本の卵焼き**4〜6**と同様に焼く。

酸味が加わり、さっぱりおいしい

紅しょうがとねぎの卵焼き

材料・1人分

基本の卵焼きの材料
（p.132）…… 1本分
紅しょうが…… 10g
細ねぎ…… 1本（5g）

作り方

1 紅しょうがはあらく刻み、細ねぎは小口切りにする（または市販の小口切りを使うとラク）。

2 基本の卵焼き**1**と同様に、材料をまぜ、**1**を加えてまぜる。

3 あとは基本の卵焼き**2〜6**と同様に焼く。

調理時間 7分

磯の香りとチーズの塩けをプラス

青のりとチーズの卵焼き

材料・1人分

基本の卵焼きの材料
（p.132）…… 1本分
ピザ用チーズ…… 20g
青のり…… 小さじ1/2

作り方

1 基本の卵焼き**1**と同様に、材料をまぜ、チーズ、青のりを加えてまぜる。

2 あとは基本の卵焼き**2〜6**と同様に焼く。

調理時間 7分

卵1個のおかずバリエ

卵1個あれば、たんぱく質を手軽に補えます。
ごはんや焼きそばの上にのせても映える！

調理時間 **3分**

時間がない日のスピードワザ
折りたたみ目玉焼き

材料・1人分
卵──1個
サラダ油──小さじ1
塩──ふたつまみ

作り方
1 フライパンにサラダ油を熱し、卵を割り入れ、塩を振る。

2 1分ほど焼いて白身が焼けてきたら、へらで中央に軽く切り目を入れ、半分に折りたたむ。好みでトマトケチャップをかける。

ゆで卵より早く、失敗なくできる
蒸し焼きカップ卵

材料・1人分
卵──1個

作り方
1 アルミカップ（シリコンカップでもOK）に卵を割り入れる。好みでピザ用チーズをのせてもよい。

2 小さめのフライパンに**1**をのせ、周りに深さ1cmほどの水を注ぐ。ふたをして中火にかけ、8分ほど蒸す。

調理時間 **10分**

調理時間 **3分**

マヨネーズで簡単にふわふわに
マヨスクランブルエッグ

材料・1人分
卵──1個
A ┌塩、こしょう──各少々
　└マヨネーズ──小さじ1
サラダ油──小さじ1

作り方
1 ボウルに卵を割り入れ、Aを加えてよくまぜる（マヨネーズがダマになっても、火が通ればとけるのでだいじょうぶ）。

2 フライパンにサラダ油を熱し、**1**を流し入れ、菜箸で大きくまぜてスクランブルエッグにする。

味つけ卵バリエ

袋に入れると均一に漬かる

卵のゆでかげんは、お好みでかまいません。
その日の気分で和洋中の味つけを楽しんで。

裏切らない！ 王道の甘辛味
和風味つけ卵

材料・作りやすい分量

ゆで卵 —— 4個
みりん —— 大さじ4
A ┌ しょうゆ —— 大さじ5
　│ 水 —— 大さじ4
　└ こぶ —— 3cm

作り方

1 小なべにみりんを入れてひと煮立ちさせ、火を止め、Aを加える。
2 ジッパーつき保存袋（またはポリ袋）にゆで卵を入れ、1を加え、空気を抜いて口を閉じる。一晩おく。

コクと照りがランクアップ
中華風味つけ卵

材料・作りやすい分量

ゆで卵 —— 4個
酒 —— 大さじ3
A ┌ オイスターソース
　│ 　—— 大さじ2
　│ しょうゆ —— 大さじ1
　│ 砂糖 —— 大さじ1/2
　│ シナモンパウダー
　│ 　—— 5振り
　└ 赤とうがらし —— 1本

作り方

1 小なべに酒を入れてひと煮立ちさせ、火を止め、Aを加える。
2 ジッパーつき保存袋（またはポリ袋）にゆで卵を入れ、1を加え、空気を抜いて口を閉じる。一晩おく。

ほどよい酸味でつるんと食べちゃう
卵のピクルス

材料・作りやすい分量

ゆで卵 —— 4個
酢 —— 100ml
A ┌ 水 —— 大さじ4
　│ 砂糖 —— 大さじ2
　│ 塩、カレー粉
　│ 　—— 各小さじ1
　└ こぶ —— 3cm

作り方

1 小なべに酢を入れてひと煮立ちさせ、火を止め、Aを加える。
2 ジッパーつき保存袋（またはポリ袋）にゆで卵を入れ、1を加え、空気を抜いて口を閉じる。一晩おく。

作りおきがなくても、なんとかなる！
ピンチの日の単品弁当

「作りおきが在庫切れ、さらに寝坊した！」なんて日も、心配しないで。
あり合わせの食材でも、ひと工夫でおいしさ満点のお弁当に。
「たまにはこれもいいね！」と、家族もきっと喜びます。

\甘辛味がバターでまろやか & リッチに/

ちくわのかば焼き丼

材料・1人分

ちくわ —— 2本
ピーマン —— 2個
ごはん —— どんぶり1杯分（250g）
バター —— 10g
かば焼きのたれ* —— 大さじ1

*しょうゆ・みりん・砂糖各小さじ1で代用OK。

作り方

1 ちくわは縦半分に切る。ピーマンは縦半分に切り、へたをとり除き、包丁の腹で押しつぶす。

2 フライパンを熱し、バターを入れてとかし、**1**を焼く。全体にバターが回っていい香りが立ち、ピーマンが焼けてきたら、かば焼きのたれを加えてからめる。

3 弁当箱にごはんを詰め、**2**をのせる。

Point

うなぎに添付のたれを活用

余りがちな「うなぎのかば焼きのたれ」をとっておけば、お弁当に使える！

ドカンと
のっけ弁で
6分

フライパン
1つで楽勝の
8分

◟ 焦がしぎみくらいが、香ばしくて最高 ◞

いわし缶チャーハン

材料・1人分

いわし（またはさんま）の
　かば焼き缶 ── 1缶
卵 ── 1個
細ねぎ ── 20g
ごはん ── どんぶり1杯分（250g）
サラダ油 ── 小さじ2
　┌ 塩 ── ふたつまみ
A │ こしょう ── 少々
　└ カレー粉 ── 小さじ1/4

作り方

1 卵は割りほぐす。細ねぎは小口
切りにする（または市販の小口切り
を使うとラク）。ごはんは冷たければ、
あたためる。

2 フライパンにサラダ油を熱し、と
き卵、ごはんを入れていためる。全
体がまざったら、いわしをほぐし入れ、
細ねぎを加えていため合わせ、Aで
調味する。

Point

味つけ缶が
ピンチを救う

魚のかば焼き缶は、味
つけも同時にできるの
がラク。カレー粉を少
しプラスすると、くさみ
が消えます。

\ みじん切りは封印！時短でコクうま /

簡単ドライカレー

材料・1人分

合いびき肉 ─── 100g
ミニトマト ─── 5個
フライドオニオン ─── 大さじ2
ごはん ─── どんぶり1杯分（250g）
サラダ油 ─── 小さじ1

A
┌ カレー粉 ─── 小さじ2
│ トマトケチャップ、中濃ソース
│ ─── 各小さじ1
│ 塩 ─── ふたつまみ
└ こしょう ─── 少々

作り方

1 ミニトマトは4等分に切る。

2 フライパンにサラダ油を熱し、ひき肉をいためる。火が通ってきたら、**1**、フライドオニオンを加えていため、**A**で調味する。

3 弁当箱にごはんを詰め、**2**をのせる。

┌─ **Point** ─┐

フライド
オニオンを使えば
手軽に本格味

玉ねぎをあめ色にいためる手間を大幅カットして、カレーが奥深い味わいに！

切るのは
ミニトマトだけで
7分

巻くのを
やめたら
10分

╲ 具だくさんにして豪快にかぶりつく ╱

ふたつ折りキンパ

材料・1人分

牛切り落とし肉 ―― 50g
冷凍ほうれんそう ―― 50g
にんじん ―― 1/6本（30g）
ラー油 ―― 小さじ1
A ┌ 塩 ―― ふたつまみ
　├ こしょう ―― 少々
　└ しょうゆ、砂糖 ―― 各小さじ1
焼きのり（全形） ―― 1枚
ごま油 ―― 適量
塩 ―― ひとつまみ
ごはん ―― どんぶり1杯分（250g）
たくあん（細切り） ―― 20g

作り方

1 にんじんは細切りにする。ほうれんそうはラップで包み、電子レンジ（600W）で30秒加熱する。

2 フライパンにラー油を熱し、牛肉、にんじんを入れていためる。肉に火が通ってきたら、ほうれんそうを加えていため、Aで調味する。

3 のりにハケでごま油を薄く塗り、塩を振る。ごはんを広げ、**2**、たくあんをのせ、半分に折りたたむ。2等分し、おにぎり用シートなどで包む。

Point

半分に
折るだけで終了

巻かずに折るだけの新発想。のり巻きやおにぎりよりも、ずっと簡単です。

サラダそうめん with トマトつゆ

**ごはんを
炊き忘れても
7分**

※湯を沸かす時間は除く

材料・1人分

そうめん ── 2束（100g）

ツナ缶 ── 1缶（70g）

粒コーン ── 20g

きゅうり ── 1/4本

A ┌ めんつゆ（3倍濃縮）── 大さじ2
　├ トマトジュース（無塩）── 100ml
　├ オリーブ油 ── 小さじ1
　└ こしょう、タバスコ ── 各少々

作り方

1 そうめんは熱湯で袋の表示どおりにゆで、冷水にとってしっかりと冷やし、水けをしぼる。

2 ツナ缶、コーンは汁けをきる。きゅうりは5mm角に切る。

3 弁当箱に**1**を適量ずつ丸めて入れ、**2**をのせる。Aはスープジャーなどに入れてまぜ合わせ、別に持っていく。

Point

つゆはかけても、
つけても◎

弁当箱のサイズによって、つゆは直接かけても、スープジャーのつゆにめんをつけて食べてもOK。

＼ 魚のうまみが意外なほどマッチする ／

さば缶ナポリタン

材料・1人分

さば水煮缶 —— 100g
玉ねぎ —— 1/4個
ピーマン —— 1個
スパゲッティ —— 100g
バター —— 10g
A ┌ トマトケチャップ —— 大さじ2と1/2
  └ 塩、こしょう —— 各少々

作り方

1 さば缶は汁けをきる。玉ねぎは薄切り、ピーマンは細切りにする。

2 フライパンにたっぷりの湯を沸かし、塩（分量外・湯1ℓに対して小さじ2）を加える。スパゲッティを半分に折って入れ、袋の表示より1分ほど短めにゆでる。ゆで上がったら、ざるに上げて湯をきり、再びフライパンに戻す。

3 2にバター、1を加えていため合わせ、Aで調味する。

--- **Point** ---

ゆでる→いためるが
フライパンで完結♪

スパゲッティは半分に折ると、フライパンでゆでられます。いためやすく、食べやすさもアップ。

昼には味がなじんで、くたっと煮える

鮭缶のみそスープ＆
おかかチーズおにぎり

ひと煮立ちで
保温するから
9分

材料・1人分

〈鮭缶のみそスープ〉

鮭水煮缶 —— 小1缶（90g）

しめじ —— 1/3パック

キャベツ —— 小1枚

A ┌ めんつゆ（3倍濃縮）—— 小さじ1
　└ 水 —— 1カップ

みそ —— 小さじ2

〈おかかチーズおにぎり〉

ごはん —— 茶わん1杯分（150g）

ピザ用チーズ —— 20g

かつお節 —— 3g

作り方

1 しめじはほぐし、キャベツは2cm角に切る。

2 小なべに鮭缶を缶汁ごと入れ、**1**、Aを加えて火にかけ、ひと煮立ちさせる。みそをとき入れ、スープジャーに入れる。

3 ごはんにチーズ、かつお節を加えてまぜる。両手のひらに水をつけ、塩少々（分量外）をつけてまぶし、ごはんを三角ににぎる。

Point

野菜は
煮なくていい！

なべで野菜を煮込まなくても、スープジャーが熱々をキープする間にくたくたになります。

あさりと豆腐のチゲ＆
韓国風塩むすび

なべに
どんどん
入れちゃって
9分

Point

卵を落とすのも
おすすめ

昼まで放置で、生卵に
しっかり火が通ります。
半熟がよければ温泉卵
を持参し、食べるとき
に割り入れても。

材料・1人分

〈あさりと豆腐のチゲ〉
あさり水煮缶 —— 1缶(130g)
木綿どうふ —— 1/3丁(100g)
白菜キムチ —— 30g
細ねぎ —— 20g
A ┌ 鶏ガラスープのもと —— 小さじ1/2
  └ 水 —— 1カップ
みそ —— 小さじ1
塩 —— ひとつまみ

〈韓国風塩むすび〉
ごはん —— 茶わん1杯分(150g)
いり白ごま —— 小さじ1
焼きのり(全形) —— 1/2枚
ごま油 —— 適量
塩 —— ひとつまみ

作り方

1 細ねぎは小口切りにする(または市販の小口切りを使うとラク)。

2 小なべにあさり缶を缶汁ごと入れ、とうふをくずし入れ、キムチ、**1**、Aを加えて火にかけ、ひと煮立ちさせる。みそをとき入れ、塩で味をととのえ、スープジャーに入れる。

3 ごはんにごまを加えてまぜ、三角ににぎる。のりにごま油を薄く塗り、塩を振り、おにぎりを包む。

message

料理研究家という仕事がら、お弁当作りなんて大したことではないと思われるでしょう。
この1年ほど、毎日主人のためにお弁当作りを実践して感じたのは
「やはり毎日は大変!」ということ。
でもちょっと先のことを考え、前日までに、ほんの少し準備をしておくだけで
朝のお弁当作りは劇的にラクになります。
朝5時半の、まだまぶたが重く脳が起きていないような状態でも、
基本のルールが身についてしまえば、10分でお弁当作りができるようになりました。
お弁当のためにと作ったおかずは、ふだんの食事にも役立つので、
いろいろ活用していただきたいです。

牛尾理恵

料理研究家。栄養士として病院での食事指導、商品・料理の
制作会社を経て、料理家として独立。「おいしい」「簡単」「栄養」
がバランスよく考えられたレシピに定評があり、『ぜ〜んぶ入れ
てスイッチ「ピ!」炊飯器で魔法のレシピ100』(主婦の友社)
ほか、料理の著書多数。また、家事がテーマの本を出版する
ほど、効率よく家事をこなす達人でもある。お弁当作りにおい
ても、合理的で、かつ喜ばれる、ベストな方法を追い求めてき
た。家族のために毎朝続けているお弁当作りの体験を元に
「10分弁当」を提案。

毎日、朝ラク10分弁当

令和5年3月31日　第1刷発行

著　者　牛尾理恵
発行者　平野健一
発行所　株式会社主婦の友社
　　　　〒141-0021
　　　　東京都品川区上大崎3-1-1　目黒セントラルスクエア
　　　　電話03-5280-7537 (編集)　03-5280-7551 (販売)
印刷所　大日本印刷株式会社

Staff

装丁・デザイン	釜内由紀江、五十嵐奈央子 (GRiD)
撮影	佐山裕子 (主婦の友社)
スタイリング	ダンノマリコ
調理アシスタント	上田浩子、高橋佳子、金原桜子
構成・取材・文	水口麻子、加藤奈津子
編集担当	山口香織 (主婦の友社)

ⒸRieUsio 2023　Printed in Japan
ISBN978-4-07-454340-3